AF361081

TRAITTÉ

DES

BIBLIOTHEQUES.

TRAITTÉ

DES

PLVS BELLES

BIBLIOTHEQUES

DE L'EUROPE.

Des premiers Livres qui ont été faits. De l'invention de l'Imprimerie. Des Imprimeurs. De plusieurs Livres qui ont été perdus & recouvrez par les soins des Sçavans. Avec une Methode pour dresser une Bibliotheque.

Par le Sieur LE GALLOIS.

A PARIS,

Chez ESTIENNE MICHALLET, ruë saint Jacques, à l'Image saint Paul, proche la fontaine saint Severin.

M. DC. LXXX.

Avec Privilege du Roy.

AVIS AU LECTEUR.

Qvand je commençay cet Ouvrage, mon cher Lecteur, je ne croyois pas le faire si grand, ny le remplir de tant de choses. Comme le hazard le fit naître, on peut dire aussi que le hazard me l'a fait continuer. M'étant rencontré chez des personnes curieuses, qui parloient de Bibliotheques, je formay le dessein d'en faire pour mon instruction un petit Traitté que je fis voir à quelques-uns de mes Amis qui le trouverent à leur gré, & qui me conseillerent de le donner au Public. Quoy que je défere beaucoup au jugement des personnes

AU LECTEUR.

plus éclairées que moy, je n'ose pas neanmoins me flatter de la pensée d'y avoir reüſſi, encore que quelque uns trop indulgens ſans doute ayent voulu me le faire croire, & qu'on m'ait, pour ainſi dire, forcé à le donner au Public. I'avoüe que j'ay eſté aydé de quelques perſonnes intelligentes dans ces matieres là, & de quelques Memoires qui m'ont eſté communiquez ; mais il vous doit peu importer, mon cher Lecteur, d'où j'aye pris tout ce que j'ay dit dans mon Livre, pourveu qu'il ſoit veritable, & qu'il vous inſtruiſe. C'eſt le ſeul but que je m'y ſuis propoſé, & qui m'a obligé non ſeulement d'étendre cette matiere ; mais auſſi de la diverſifier par quelques varietez hiſtoriques que j'ay

AU LECTEUR.

crû y devoir joindre ; parce que le sujet m'a parû trop sec & trop sterile pour faire quelque chose d'agreable & de digne des honnestes gens.

I'ay ajoûté par la mesme raison tout ce que j'ay pû trouver sur le sujet des Livres, tant pour le temps auquel ils ont esté composez que pour la destinée qu'ils ont eu, & l'impression qui en a esté faite; & je l'ay fait non seulement à cause du rapport que ces matieres ont les unes avec les autres; mais aussi pour rendre cette lecture plus divertissante & plus utile.

Que si quelqu'un s'étonne de ce que je luy ay donné le titre de Traité des Bibliotheques, encore qu'il traite de beaucoup d'autres matieres, il faut qu'il sçache que c'est parce que ce Trai-

AU LECTEUR.

té fait la principale partie du Livre, & que ce fut d'abord l'idée qui m'a donné lieu dans la suite du temps de compoſer tout l'Ouvrage. Vous ſçaurez, Lecteur, que l'Imprimeur ayant depuis le chiffre 48. juſques à 73. mis d'autres chiffres que ceux qui y doivent étre, j'ay ſuivi dans la Table les chiffres qui y devroient étre, & non pas ceux qui y ont été mis.

TABLE DES MATIERES
contenuës dans ce Volume.

TABLE

PAge 16. ſacrez, *liſez* ſacrées. page 17. a e, *liſez* à ce. page 22. rapport *liſez* rapporte. page 30. Eculape, *liſez* Eſculape. page 31. gentibns, *liſez* gentibus. Page 43. *Aheronticr*, *liſez* *Acherontici*. page 47. e, *liſez* ce. page 48 diffiultez, *liſez* difficultez. page 53. Anticohe, *liſez* Antioche, page 54. Phomiſe, *liſez* Philomuſe. Page 55. Biblotheque, *liſez* Bibliotheque. page 57. emploient, *liſez* emploioient, page 68. fuſt, *liſez* fut. page 73. Reuchpin, *liſez* Reuchlin. page 96. profit, *liſez* profit. page 100. d'Oriſis, *liſez* d'Oriſis page 112. comptes, *liſez* comtes. page 114. 10000. *liſez* 100000. page 115 Allumagne, *liſez* Allemagne. page 115. enote, *liſez* encore. page 115. oaſſe, *liſez* paſſe. page 115. celle, *liſez* celles. page 120 il y a en, *liſez* il y en a. page 125. & on a, *liſez* & on en a. page 135. l *liſez* le. pag. 135. d *liſez* de. page 135. attribu *liſez* attribuë. page 144. choiſi, *liſez* choiſit. page 149. contient, *liſez* contenoit. page 157. *liſez* ny pour les uns ny pour les autres.

TRAITTE
HISTORIQVE,
DES
PLUS BELLES
BIBLIOTHEQUES
DU
MONDE.

QUOYQUE plusieurs Personnes Sçavantes ayent donné plusieurs Traittez touchant les Bibliotheques, je n'ay pas laissé de travailler sur le mesme sujet ; ayant ajoûté ce qu'ils avoient oublié, & dit des choses qu'ils ne pouvoient sçavoir : Ce qui me fait esperer qu'on ne des-approuvera pas mon dessein.

Je ne pretends pas faire voir toute

A

les manieres differentes, dont on peut
prendre le mot de Bibliotheque, ny m'ar-
réter en ces sortes de matieres-là.   Je
me contenteray de dire, que par ce nom,
on entend communement tout amas de
Livres, grand ou petit; jusques-là que
quelques - uns ont cru qu'un seul Livre pouvoit faire une Bibliotheque, ou
du moins en tenir lieu. Et ç'a esté le sentiment de celuy, qui a fait ce Distique   en
l'honneur de Pline, dont le Livre luy tenoit lieu de tous les autres.

Quid juvat innumeris repleri scrinia Li-
   bris.
Vnus præ cunctis Plinius esse potest.

L'Empereur Alexandre Severe, & Melancton composoient leurs Bibliotheques
de quatre volumes seulement, qu'ils soû-
tenoient estre suffisans pour en faire u-
ne parfaite. Le premier y mettoit Horace
& Virgile, Ciceron & Platon. Le second choisissoit pour cela Aristote, Pline, Plutarque, & Ptolomée. Et verita-
blement aussi ce n'est pas la quantité de
Livres, qui fait l'excellence & le prix
d'une Bibliotheque; mais c'est leur bonté : Ce que Seneque exprime tres-bien
dans sa 45, Epistre, où il dit, *Non re-*
fert quàm multos Libros, sed quàm bonos

habens. C'eſt à dire, il n'importe pas d'avoir beaucoup de Livres, mais il importe de les avoir bons; Car la quantité de Livres nuit ſouvent plus qu'elle ne ſert; parce que partageant l'eſprit en pluſieurs lectures, elle empeſche qu'il ne devienne habile, par la diminution que ce partage cauſe dans ſes forces: Et c'eſt ce que le même Auteur exprime encore fort-bien au même endroit, lors qu'il dit: *Lectio certa prodeſt, varia delectat. Qui, quò deſtinavit, pervenire vult, unam ſequatur viam, non per multas vagetur: Non ire iſtud, ſed errare eſt.* Une ſeule lecture profite, & diverſes donnent du plaiſir: Mais celuy qui veut arriver à la fin qu'il s'eſt proposée, doit ne ſuivre qu'une ſeule voye, de peur de s'égarer par pluſieurs chemins. Et dans la ſeconde Epiſtre il ajoûte. *Diſtrahit animm Librorum multitudo. Itaque cùm legere non poſſis quantùm habueris, ſat eſt habere quantùm legas* La multitude des Livres diſtrait & embaraſſe l'eſprit. Ainſi quand on n'en peut lire autant qu'on en a, il ſuffit d'en avoir autant qu'on en peut lire; parce qu'il eſt plus utile d'avoir peu de Livres, pourveu qu'ils ſoient bons, & de les bien apprendre, que d'en avoir beaucoup, & ne les lire jamais.

A ij

Egregios cumulare Libros præclara supel-
lex.
Aſt unum utilius voluere ſæpè Librum.

On peut donc juger de là que la grande quantité de Livres n'eſt pas de l'eſ-
ſence d'une Bibliotheque. Tout nombre
peut ſuffire, pour en compoſer ; &
l'on ne peut le determiner, parce qu'il
faut en cela conſiderer la difference des
temps, des lieux, & des perſonnes ; ſelon
laquelle difference une Bibliotheque
peut eſtre plus ou moins grande : Car il
n'eſt pas croyable qu'on ait pû faire de
grandes Bibliotheques au commencement du monde, puis qu'il y avoit ſi peu
de Livres. La même impuiſſance ſe rencontre dans de certains lieux, à cauſe de la
difficulté qui y eſt d'en amaſſer. Et il n'eſt
pas non plus du pouvoir d'un particulier
d'en achepter autant qu'un grand Monarque peut faire. Ainſi l'on doit avoir égard
aux temps, aux lieux, & aux perſonnes pour
juger des Bibliotheques, qui doivent eſtre
moins conſiderées par la quantité des
Livres qu'e les contiennent, que par
leur bonté.

Des Livres & des Bibliotheques des Hebreux.

CEla supposé comme le fondement de ce discours, nous commencerons par les Hebreux, puisque c'est la plus ancienne de toutes les Nations. Quelques-uns veulent qu'ils n'ayent pas eu beaucoup de Livres, & qu'ils ne cultivoient pas les Sciences ny les Arts, comme les autres Nations, avec qui Dieu ne vouloit pas qu'ils eussent commerce : Mais d'autres sont d'un sentiment contraire, & pretendent que les Sciences & les Arts ayant tiré leur origine des Hebreux, de qui elles passerent chez les autres Nations, Il est vray-semblable qu'ils ont esté les premiers qui ont fait des Bibliotheques, c'est à dire, qui ont amassé des Livres : Mais il n'est pas aisé de dire quels ont esté ces Livres, non plus que les Auteurs qui les ont composez. Tout ce qu'on en peut conjecturer, c'est qu'Adam ayant esté sçavant en toutes sortes de connoissances, il y a apparence qu'il eut soin de les transmettre à sa Posterité. Neanmoins presque tous les Auteurs asseurent qu'il ne laissa aucun écrit, & qu'il

n'enseigna que de vive voix ce qu'il sçavoit ; ce qu'on a appellé Cabale ou Tradition ; & ce qui a continué de Pere en
Fils depuis luy jusques à Abraham selon
quelques-uns , & selon quelques autres
jusques à Moïse , au temps du quel on
commença de voir des Livres.

Il est vray que Joseph en ses Antiquitez rapporte que parce que Seth Fils
d'Adam avoit appris de son Pere que le
monde devoit perir deux fois , l'une par
eau , & l'autre par le feu , il fit faire deux
Colonnes , sur chacune desquelles il gra-
va tout ce qu'il sçavoit , de peur que le
monde n'en fût privé aprés ces deux de-
structions universelles. Et cet Historien
ajoûte que ce fût pourquoy Seth voulut que l'une de ces deux Colonnes fût de
pierre , afin qu'elle resistât à l'eau , &
que l'autre fût de brique , afin que la vio-
lence du feu ne pouvant rien contre u-
matiere si dure & si solide les choses qui y
étoient gravées se conservassent eternelle-
ment. Mais cela est fort incertain, & nous
aurions besoin d'un Auteur de ce temps là
pour nous faire croire cette histoire. Que
si elle est veritable, il faut croire que Seth
avoit appris d'Adam à coucher par écrit ;
& ainsi il faudroit rapporter là l'origine
des Livres. Nous lisons aussi que certains

Heretiques, qui furent nommez Sethiani
du nom de ce Patriarche, se vantoient
d'avoir des Livres de luy, dans lesquels
ils puisoient leur Doctrine. Et nous parlerons en son lieu d'une Bibliotheque
dont les Maistres se vantent de posse-
der ces ouvrages.

Quelques Auteurs rapportent que le
Prophete Enoch, qui fût le septiéme
descendant d'Adam en la 365. Année
du quel il vivoit, laissa par écrit toutes
ses Predictions. Et méme quelques-uns
d'eux son assez hardis pour asseurer que
le Livre de ce Prophete contenoit plus
de quatre milles lignes. Quoy qu'il en
soit (car je ne pretends pas ny soûtenir,
ny refuter cette croyance ; encore qu'il
y ait plus de raisons pour la combattre,
que pour la défendre) quoy qu'il en soit,
dis-je, Tertulien la confirme, puisque
dans son Livre, *De Habitu mulierum*, il
met cet Ouvrage d'Enoch au nombre
des Livres Canoniques ; & méme il en
est fait mention dans l'Epistre de l'A-
postre Saint Jude. Mais S. Hierôme &
S. Augustin le rejettent avec raison, &
le font passer pour Apocriphe. Je sçais
que Guillaume Postel se vante d'avoir
tout pris de ce Livre dans celuy qu'il a
composé des Origines, où par le moyen

des Ouvrages d'Enoch & de Noé , il pretend avoir découvert & expliqué les My-
steres de la Religion des Orientaux: Mais
c'est un réveur dont les œuvres sont si
remplies d'absurditez , qu'il faut estre
bien simple, pour y ajoûter foy. Et de
fait il se mocque du monde lors qu'il
asseure qu'estant à Rome un Prestre E-
thiopien luy exposa le Sujet & l'Ordre
du Livre d'Enoch ; & luy protesta que
ce Livre avoit passé pour Canonique dans
l'Eglise de la Reyne de Saba ; ou s'il est
vray qu'un Ethiopien luy aît dit cela , il
faut croire que cet Ethiopien se moc-
quoit de luy. Quelques-uns attribuent
encore à ce Prophete un Livre de Mathematiques : Ce qui l'a fait passer pour
un homme tres-sçavant & pour un Auteur celebre : Mais on n'a pas plus d'as-
sûrance de l'existence de ce Livre-cy, que
de celle de l'autre.

On a veu aussi autrefois un ancien Manuscript intitulé le Testament des douze
Patriarches, qu'on disoit avoir esté composé devant le temps de Moïse. Mais
on le tient Apocriphe, aussi-bien que
celuy que les Juifs attribuent faussement
à Abraham, & qu'ils nomment le Livre de la Creation ; où ils disent que ce
Patriarche donne en peu de paroles la

connoiſſance des principes de la Cabale, & de la maniere de former le Nom
ineffable & quadrilettre de Dieu, par la
vertu duquel il a produit tant de merveilles. Nous avons encore le Teſtament
de Jacob, que quelques uns attribuent à
Job : Mais Gelaſe le croit pareillement
ſuppoſé; de méme que l'Echelle de Jacob, qui eſtoit un Livre fort recommandable, & d'un grand uſage parmy certains
Hérétiques nommez Ebioniſtes.

Moïſe luy - méme ſemble prouver
qu'il y auoit déja devant luy des Livres;
puis qu'au 21. Chapitre des nombres,
verſet 14. il fait mention du Livre dés
guerres du Seigneur. Mais la plûpart des
Juifs ont crû que ce Livre n'eſtoit autre
choſe que le Livre méme des nombres :
& la raiſon ſur laquelle ils ſe fondent eſt
que le méme mot hebreu qui ſignifie
Livre, & que l'Interprete a ainſi traduit,
veut dire auſſi nombre; ce Livre n'ayant
eſté ainſi nommé que par ce qu'en effet
il contient un dénombrement des guerres que le Seigneur a faittes par le
miniſtere des Hebreux. Je ſçay qu'il y
a d'autres jugemens qui prouvent tres-
bien que ce n'a point eſté un Livre fait
avant le temps de Moïſe : Mais outre que
je ſerois trop long ſi je rapportois tant

de chofes à la fois, la raifon que j'en ay
alleguée me paroift la plus vray-femba-
ble de toutes.

Nous avons encore des Livres qu'on
croit avoir efté compofez avant le temps
de Moïfe. Il y a entre autres l'hiftoire de
Sepphora Ethiopienne, femme de ce divin Legiflateur, du quel Ouvrage Jofeph
fait mention. Il y a le Livre de Jannes
& de Jambres, Princes des Magiciens de
Pharaon. Et même quelques Auteurs
mettent le Livre de Job au nombre de
ces Livres fi anciens: Mais nous pouvons
dire que c'eft fans fondement. Tous
les Livres que j'ay rapportez font fup-
pofez, fi nous en croyons plufieurs Auteurs fort celebres, qui ont traitté à fond
de cette matiere, & ont tres bien prou-
vé qu'avant Moïfe il n'y a eu aucun Livre;
mais que tout s'enfeignoit par tradition,
c'eft à dire de vive-voix. Ainfi puifque
les Livres doivent leur commencement
à ce Prophete, il faut croire par une
confequence infaillible qu'il n'y a point
eu de Bibliotheques chez les Hebreux a-
vant fa mort; aprés laquelle on conferva
curieufement & religieufement les Livres
que ce divin Legiflateur avoit laiffez, &
aufquels on en a ajoûté beaucoup d'autres, qui ont efté compofez dans la fuite
des temps.

Il y avoit chez cette Nation de deux
sortes de Livres ; les uns sacrez, qui re-
gardoient la Religion ; & les autres prophanes, qui traittoient, ou de choses na-
tureles, ou de l'administration civile.
Ceux de la premiere espece estoient con-
servez dans des lieux publics, ou particuliers : & par lieux publics j'entends chaque Synaguogue, particulierement le
Temple de Jerusalem, où l'on conservoit
avec grand soin les sacrées Tables de
pierre, sur lesquelles Dieu luy-même a-
voit écrit de sa propre main les douze
Commandemens du Decalogue, qu'il a-
voit sur le Mont-Horeb ordonné à Moi-
se de renfermer dans l'Arche d'Alliance.
Je pourrois icy par occasion dire des
choses tres-curieuses sur le sujet de ces
Tables, & de l'Arche : Mais je craindrois
d'estre trop long, & qu'embrassant trop
de matieres à la fois, dont chacune dé-
manderoit un long temps, pour estre
bien examinée, je ne tombasse dans l'un
de ces deux inconveniens, ou de fatiguer
par une trop longue lecture chargée &
embarassée de trop de matieres differentes, ou de ne traitter ces matieres
que fort imparfaittement ; ce que j'appelle, se donner de la peine pour rien.

Je reviens donc à mon sujet pour di

re qu'outre les Tables de la Loy on conservoit aussi dans le Temple, & méme dans le lieu le plus caché du Sanctuaire, les Livres de Moïse & des Prophetes. Mais il faut remarquer que parce qu'il n'y avoit que le seul Pontife qui eut droit d'aller en ce saint lieu (encore ne luy estoit t'il permis d'y aller qu'une fois l'année) ces Livres sacrez étoient fort en asseurance du costé de la corruption, c'est à dire qu'ils n'estoient pas en danger d'estre falsifiez ; puisque personne ne les lisoit, ny ne les touchoit. Il faut encore remarquer que le Livre de Moïse étoit comme la Pierre de touche, à qui on avoit recours pour la preuve des autres : Et c'est ce que ce divin Legislateur prédisoit de soy-méme au 32. Chapitre du Deuteronome, lors qu'il ordonna aux Levites d'enfermer son Livre dans l'arche d'Alliance, afin de servir de témoignage contre eux & leurs Successeurs, au cas qu'ils manquassent à leur devoir. Quelques-uns disent, que quand Moïse se vit prest de mourir, il fit faire du Livre de la Loy douze Copies, qu'il distribua aux douze Tribus. Mais le Rabbi Maimonides asseure qu'il en fit luy-même treize Exemplaires, dont il en donna un à chaque Tribu, & le treisiéme aux Levites,

en leur difant , Recevez le Livre de la
Loy, que Dieu luy méme nous a donné.
C'eft une difpute bien grande entre les
Interpretes, fçavoir fr ce divin Volume
fut enfermé dans l'Arche, avec les Tables
de pierres ou dans un petit Coffre à part.

Quoy qu'il en foit Jofué fucceffeur de
Moïfe compofa un livre qu'il ajoûta à celuy de ce Prophete, comme il paroift dans
le 24. Ch. de ce Livre. Enfuite de cela tous
les Prophetes firent par le commandement
de Dieu tranfcrire les Sermons & les Ex-
hortations qu'ils avoient faittes au peuple, comme nous le voyons au 13. Ch. de
Jeremie, & en plufieurs autres endroits de
l'Ecriture. Tous lefquels Ouvrages é-
toient pareillement conſervez dans le
Temple, afin qu'ils puffent fervir à la
Pofterité, pour l'edification des ames.
Et tous ces Livres compoferent enfin u-
ne tres-belle Bibliotheque, mais qui étoit
plus confiderable par le prix des Ouvrages qu'elle contenoit, que par leur nombre.

Voilà tout ce qu'on peut dire de la Bibliotheque facrée, que les Juifs confer-
voient dans leur Temple. On peut neanmoins ajoûter à cela qu'aprés que le
peuple Juif fut de retour de fa captivité
de Babylone, Nehemias receüillit avec

beaucoup de foin les Livres de Moïfe, des
Roys, & des Prophetes ; & qu'il en compofa une Bibliotheque. Il eft vray fem-
blable qu'il fut fécondé en cela par Efdras, que quelques-uns affeurent avoir e-
fté le Reftaurateur du Pentateuque, &
& de toute l'ancienne Ecriture, aprés que
ceux de Babylone eurent pris la Ville de
Jerufalem, & brûlé le Temple avec la Bibliotheque. Si ce fentiment eft vray, ou
non, je m'en raporte. Mais je fçais bien
qu'il y a beaucoup de conteftation fur ce
fujet, dont l'eclaicirceffement n'eft pas
facile. Nous lifons auffi que cette Bibliotheque fut reparée par Judas Machabée,
lors qu'Anthiochus l'eut prefque toute-
fait brûler ; ce qu'on peut voir dans le
Chapitre premier du premier Livre des
Machabées. Et s'il eft vray qu'elle ait fubfifté jufques à la deftruction du fecond
Temple, il eft incertain en quel lieu elle
a fubfifté : Mais il eft plus croyable qu'elle a rencontré fa ruïne dans celle de la Ville. Car encore que le Rabbin Benjamin
foûtienne qu'on voyoit de fon temps fur
la rive de l'Euphrate le tombeau du Prophete Efechiel, avec la Bibliotheque du
premier & du fecond Temple, neanmoins
le Sieur Weffel de Groningue, & beaucoup d'autres illuftres Perfonnages, qui

ſont allez exprés en ces païs-là, pour voir ce Tombeau & cette Bibliotheque, ont tous unanimement rapporté que c'eſtoit une rêverie du Rabbin, & qu'on n'y voyoit ny l'un, ny l'autre. C'eſt en vain que je ſuis allé là, dit le Sieur Weſſel, puiſque les Juifs ont mieux aimé perdre tous leurs Livres, que de lire ce qu'ils ne vouloient pas confeſſer.

Cependant nous liſons qu'outre cette grande Bibliotheque, qui eſtoit ſi Religieuſement conſervée dans le Temple ; il y en avoit encore une en chaque Synagogue, ainſi qu'il eſt rapporté aux Actes, Chap. 15. & en Saint Luc, Chap. 4. 16. 17. Tous les Auteurs preſque demeurent d'accord que l'Academie de Jeruſalem contenoit juſques à 450. Synagogues, ou Colleges, dont chacun avoit une Bibliotheque, & un lieu où l'on enſeignoit. Les Ecritures eſtoient leuës publiquement dans la Bibliotheque, & lo Miſchna eſtoit enſeigné dans la Maiſon de doctrine ; ainſi s'appelloit ce lieu. La plus conſiderable de toutes ces Synagogues eſtoit à Tiberiade, Ville qui fût ainſi nommée par Herodes en l'honneur de Tibere. Il eſt certain que les Sciences ont fleury dans ces Synagogues ou Colleges juſques au temps de Saint Hierome, c'eſt

à dire 420 Ans aprés la mort de Iesus-
Christ. Et le méme Saint avoüe dans sa
Preface sur le Paralipomenon qu'un
Docteur de la Loy, qui estoit alors en
grande reputation parmy les Iuifs, l'avoit
beaucoup instruit dans un de ces Colleges; & qu'il en avoit receu des lumieres, qui
luy servirent beaucoup dans l'interpreta-
tion de ce Livre. On est en peine si la
Ville de Tiberiade estoit la demeure de
ces fameux Mazorethes, qui ont achevé
le Thalmud, qui ont ajoûté au Texte hebreu de la Bible les accens & les Points
vocaux, & qui ont composé le Mazora:
Mais c'est ce qui n'est pas aisé à resoudre.

Nous voyons encore qu'outre ces Bibliotheques publiques du Temple &
des Synaguogues il y en avoit d'autres sacrés, mais qui estoient particulieres; C'est à dire que chaque Iuif en a-
voit une, estant obligé d'avoir les Livres
qui concernoient sa Religion, et méme
un Exemplaire de la Loy écrit de sa propre main. Ie pourrois dire icy en passant
des choses assez curieuses touchant leur
maniere d'écrire, & toutes les ceremonies
qu'il y observoient: mais outre que cela
n'est pas de mon sujet, c'est que d'autres
en ont amplement traitté. Ainsi il suffit de

dire que plus un Juif eſtoit ſtudieux, &
plus il avoit de ſoin d'amaſſer des Livres.

Il n'eſt pas neceſſaire non plus de diſ-
courir long-temps de leurs Bibliotheques
prophanes ou politiques, qui eſtoient ou
publiques, ou particulieres, de meſme que
les ſacrées. Les publiques prophanes ſe
conſervoient pareillement & dans le
Temple, & dans les Synagogues ; & elles
eſtoient compoſées de toutes ſortes de
Livres traittans de differentes matieres. Il
y avoit les maximes & les conſtitutions
qui concernoient l'adminiſtration de leur
eſtat, que le Prophete Samuël avoit luy-
meſme écrittes, lorſqu'il oignit le Roy
Saül, & qu'il avoit comme miſes en dé-
poſt devant la face du Seigneur, ainſi qu'il
eſt dit au premier Livre de ce Prophete.
Il y avoit encore certains Livres dont l'E-
criture fait mention, mais qui ont eſté
perdus ; tels que ſont le Livre du droit,
Liber recti, dont il eſt parlé dans le 10.
Chapitre de Joſué, & que quelques Auteurs mettent au nombre des Poëſies ſacrées. Le Livre des Chroniques des Rois
de Medie & de Perſe, dont il eſt fait mention dans le 10. Chapitre d'Eſther. Les
Cantiques & les Proverbes de Salomon ;
ou pour mieux dire tous les Ouvrages
qu'on attribuë à ce Prince: car on luy en

attribue beaucoup qui ne font pas parvenus jufqu'à nous, comme font le Livre
de la nature & des proprietez des animaux; Le Livre des plantes & des pierres
precieufes, qui fut, à ce qu'on dit, donné
à Ariftote par Alexandre le Grand, lors
qu'il eût pris la Ville de Jerufalem; Le Livre des remedes, qu'on dit avoir efté at-
taché à l'entrée du Temple, & que le
Roy Ezechias en fit ofter; parce que le
peuple, pour qui il avoit efté mis là, y
avoit plus de croyance qu'en Dieu même
pour la guerifon de fes maladies; Le Livre
de magie, & celuy qui traitte des moyens
d'evoquer les genies, que quelques uns luy
attribuent pareillement; maisje ne fçay
s'il faut leur adjoûter foy. Quoy qu'il en
foit il y avoit encore dans chaque Synagogue un Livre public, où l'on mettroit
les noms des Tribus, & les parens des
enfans qui eftoient circoncis, avec l'année,
le mois, & le jour de la Circoncifion, pour
certifier dans le befoin, & l'âge, & la famille d'un chacun; ce qui s'obferve encore parmi les Chreftiens. Enfin il y avoit
beaucoup d'autres Livres, dont le recit
feroit trop long. Mais je crois en avoir
aflez dit touchant les Biblioteques des
Juifs, pour en donner une notion generale.

On pouroit à la verité faire encore

mention de quelques Academies celebres parmy eux, où il y avoit aussi de belles Bibliotheques. Ils avoient entre autres cette Ville fameuse, dont il est parlé dans Josué; & qui par excellence fut appellée *Vrbs litterarum, seu academia*, parce que les sciences y estoient grandement cultivées. L'Ecriture dit qu'elle estoit située sur les confins de la Tribu de Juda. Il y a apparence que c'est la celebre Cariat-sepher dont les Auteurs ont dit tant de merveilles. Et il est croyable aussi qu'il y avoit en cette ville une Bibliotheque fort considerable.

Je ne parle point de celles que les Juifs ont pû faire depuis plusieurs siecles. Il suffit de dire qu'ayant esté dispersez par tout le monde, & divisez en diverses sectes, dont les Carréens sont les plus sages, ils ont le mieux qu'ils ont pû conservé parmy eux les Livres qui concernent leur Religion, & qui ne sont maintenant composez que des reveries de la Cabale & du Thalmud, qui contient les constitutions de la Synagogue, avec l'établissement des Roys. Il faut remarquer premierement que ce Livre estant plein de blasphemes contre l'Evangile, il a esté generalement condamné par l'Université de Paris, & par les Papes Innocent IV. & Jules III. En

second lieu que par ordre du mesme Pape
Jules III. on brula dans Cremone plus de
douze mille Volumes Hebreux, pour la
perte desquels Galatin ayant trop témoi-
gné de regret, il a esté justement blâmé
de tous les Chrestiens.

Des premiers Livres & des Bibliotheques
des Chaldéens, des Egyptiens, des
Pheniciens, & des Arabes.

APrés avoir parlé des Bibliotheques
des Hebreux, l'ordre veut que nous
passions à celles des autres Nations, & que
nous commencions par les Chaldéens, &
par les Egyptiens, qui vray semblablement
ont esté les premiers que les Juifs ont in-
struits en toutes sortes de sciences, parce
que c'estoient les peuples les plus voisins
de la Iudée. Nous leur joindrons les Pheniciens & les Arabes. Il est certain que
les sciences ont esté fort cultivées par ces
Nations, particulierement par les Egyptiens, qui de l'aveu de presque tous les
Auteurs ont passé pour les plus profonds
& les plus subtils du monde dans la
Theologie & dans la Physique. Cela estant
il y a beaucoup d'apparence que ce grand
Culte & ce grand amour des sciences donna lieu alors chez ces Nations à la pre-

duction de quantité d'ouvrages , dont les curieux faisoient amas. Nous n'avons point d'Auteurs qui parlent des Bibliotheques des Chaldéens. Tout ce qu'on en peut dire, c'est qu'il y a eû dans ce Païs-là un grand nombre d'hommes tres-doctes, qui, selon le rapport des Auteurs, ont composé d'excellens livres , que vray-semblablement on amassoit & l'on conservoit avec plaisir. Il y a eû un Zoroastre si scavant en magie , à qui Hermippus , qui a traitté de cet Art , attribue deux millions de vers. Il y a eû un Dardanus Phenicien , dont les Ouvrages furent trouvez dans son tombeau par le Philosophe Democrite, qui les mit en lumiere. Il y a eu un Bileamus Prophete, qui tiroit son origine de Nachor frere d'Abraham ; & qui apparemment reduisit par écrit toutes ses Propheties , dont Moïse luy-mesme fait mention. Eusebe parlant des Pheniciens dans son Livre *de præparatione Evangelica* , dit qu'ils estoient curieux d'amasser des Livres. Mais les plus amples & les plus belles Bibliotheques se trouvent chez les Egyptiens, qui ont aussi surpassé les autres en doctrine.

Le premier qui selon beaucoup d'Auteurs, en fit une chez eux fut un nommé Simandus, qui succeda à Prothée au Royaume d'Égypte, & qui florissoit du temps de Priam Roy de Troye. Ce Monarque, selon le raport de Pierius, estoit si amoureux de l'estude, que pour contenter sa passion il dressa une grande Bibliotheque, au frontispice de la qu'elle il fit mettre cette inscription, *animi pabulum*, pour signifier par là que comme les viandes nourrissent le corps, les sciences pareillement nourrissent l'esprit. Il est vray que Diodore Sicilien dit qu'il y avoit à cette inscription, *animi medicina*, ce qui revient quasi à la mesme chose, parce que ce qui nous nourrit nous guerit ; & il adjoûte que les Images de tous les Dieux d'Egypte estoient dans cette Bibliotheque. Cependant cet Auteur ne rapport pointe la quantité de Volumes dont elle estoit composée; & l'on ne le voit point aussi dans aucun autre Auteur. Mais s'il est permis d'en juger par les conjectures, elle ne devoit pas estre fort grande ; puis qu'il ne pouvoit y avoir alors beaucoup de Livres. Quoy qu'il en soit (car la chose n'est pas sans difficulté) il y avoit encore dans Memphis, qu'on nomme aujourd'huy le grand Caire, une tres belle Bibliotheque, placée dans le Temple de Vulcain ; Ce qui me fait ressouvenir du sujet qui a porté Naucrates à accuser

Homere de larcin, parce qu'il pretend que ce Poëte ayant dérobé l'Iliade & l'Odyssée, qu'une femme nommée Phantasie avoit composez, & qu'elle avoit mis dans cette Bibliotheque, il se les attribua, & les fit parroistre sous son nom.

Mais la plus grande de toutes les Bibliotheques d'Egypte, & peut-estre de tout le monde, a esté celle des Ptolomées dans la Ville d'Alexandrie. Elle fut commencée par Ptolomée Philadelphe, le plus sçavant de tous les Roys d'Egypte, selon le rapport de Tertulien, Ce grand Prince secondé des soins & des lumieres du docte Demetrius le Phalerien fit traduire en Grec tous les Livres d'Egypte ; afin que la connoissance en fut commune à tout le monde ; & il en amassa de tous costez une si grande quantité que le nombre se montoit à sept cens mille, si l'on en croit Aulugelle. Neanmoins la plus part des Auteurs, du nombre desquels est Sabellic, rapportent qu'elle ne se montoit qu'à trois cens mille Volumes du temps de Philadelphe ; mais que par succession de temps elle parvint jusqu'au nombre de sept cens mille. A la verité ces nombres paroissent excessifs : mais on ne s'en étonnera pas quand on sçaura que tous les sçavans hommes portoient de toutes parts

leurs Ouvrages dans cette Bibliotheque comme à un Theatre de doctrine, fur le quel il y avoit gloire de paroiftre : & que ce Prince n'oublioit rien de tout ce qu'il pouvoit, foit par douceur, foit par force, pour en avoir de tous coftez : jufques là qu'un jour il ne voulut point fournir de vivres aux Atheniens, qui eftoient extremement preffez de la famine, s'ils ne luy donnoient les Originaux manufcripts des Tragedies de Sophocle, d'Euripide, & d'Efchyle: ce que les Atheniens ayant fait, non feulement il leur redóna des copies de ces Ouvrages, mais auffi il les exempta de tous droits, & leur fit délivrer quinze talés par formede preft, tant il fe fentoit leur redevable. Il achepta auffi de Neleus les Ouvrages d'Ariftote, qu'il emporta dans Alexandrie, avec une grande quantité d'autres Volumes, qu'il avoit acheptez bien cher à Athenes & à Rome. Mais rien n'ornoit tant cette Bibliotheque roiale que nôtre Bible qui, y fut mife avec honneur, aprés avoir efté traduitte d'Hebreu en Grec par les feptante Vieillards, qu'Eleafar grand Preftre des Juifs avoit pour cet effet envoiez à Ptolomée; qui les luy avoit demandez par Ariftée perfonnage d'une grande doctrine, & par André Capitaine de fes Gardes; Ce que ce grand
Prince

Prince fit à la persuasion de Demetrius, qui avoit une passion extréme d'avoir ce Livre traduit, & d'en honorer la Bibliotheque de son Maistre. Ie ne diray point ce qui se passa dans cette action, ny quel fut l'ordre, que les 70. Interpretes observerent dans cette version. On le peut voir dans la Cité de Dieu de S. Augustin, dans Ioseph, dans Eusebe, & dans plusieurs autres Auteurs, qui l'ont fidelement rapporté. Ie diray seulement que parce que Dieu avoit resolu d'appeller les Gentils à la foy, il voulut que le Bible fût traduite en une langue qui leur étoit connuë, afin de les disposer par là à recevoir les veritez Evangeliques, en leur familiarisant par avance des choses, dont les Apostres devoient les instruire dans la suite des temps. I'ay crû estre obligé de rapporter ces particularitez; puisque non seulement elles sont considerables, & peuvent beaucoup satisfaire l'esprit de ceux qui aiment les choses singulieres, mais aussi parce qu'elles font connoistre ce qu'on doit penser de cette illustre Bibliotheque, qui a passé pour la plus belle du monde. Il est bien vray que Seneque ne la louë pas; puis qu'il dit que ce n'estoit pas tant une magnificence Royale, dressée pour

multiplier les sciences, qu'un grand luxe
pour amuser les yeux ; d'autant, dit-il,
que les Ptolomées l'avoient plûtost érigée, pour estre un pompeux spectacle à
l'Uniuers, que pour seruir d'étude à
tous les curieux. *Pulcherrimum regiæ opu-
lentia monumentum alius laudauerit, si-
enti Livius, qui elegantia regum, curæque
egregium id opus ait fuisse. Non fuit elegantia illud, aut cura, sed studiosa luxuria :
immo ne studiosa quidem, quoniam non in
studium, sed in spectaculum comparauerant.
L. de tranquillitate animi.* Quoy-qu'il en
soit il est certain que cette fameuse Bibliotheque fut presque toute brûlée par
les Soldats de Jules Cesar, lorsque ce
Prince pour son propre interest fit mettre
le feu au Palais des Ptolomées, ou il
estoit assiegé : ce qu'on peut voir plus
au long dans la vie de Cesar rapportée par
Plutarque.

Mais elle fut separée du débris de celle
de Pergame, que Marc Antoine donna à
Cleopatre, & dont nous parlerons icy,
puisque l'occasion s'en presente. Elle fut
erigée par Eumenes, & par Attale Rois
de Pregame à l'envy de celle des Ptolomées. Et ces deux Princes firent monter le nombre des Livres qu'elle contenoit jusques à deux cens mille Volumes,

& mesme par de-là si nous en croyons
Pline. Volateran dit que ces Livres furent
tous brûlez, quand Pergame fut prise.
Et neanmoins Pline asseure avec beaucoup d'autres que Marc Antoine, comme
j'ay dit, en fit present à Cleopatre. Il est
vray que Strabon rapporte que cette Bibliotheque êtoit de son temps à Pergame,
c'est à dire sous l'Empire de Tibere. Mais
il est aisé de concilier ces rapports, qui
semblent differens, en disant qu'en effet
elle avoit esté transportée de Pergame
dans Alexandrie par le commandement
de Marc Antoine, mais qu'aprés la celebre Victoire d'Actium elle fut rapportée
d'Alexandrie à Pergame par ordre d'Auguste, qui se plaisoit à détruire tout ce que
Marc Antoine avoit fait. Nous lisons que
le premier à qui Eumenes donna le soin
de cette Bibliotheque fut un certain
Philosophe Stoicien nommé Antheno-
dore. Nous voyons aussi dans quelques
Auteurs qu'Alexandre le Grand avoit fait
eriger dans la mesme Ville d'Alexandrie
une tres belle Bibliotheque, qui servit
peut-estre bien à l'érection de celle des
Ptolomées.

Il y en avoit encore dans Suze, Ville de
Perse, une fort considerable, où l'on dit
que Metasthenes consulta les annales de

cette Monarchie pour la composition de
l'histoire qu'il nous en a donnée. Diodore
Sicilien rapporte que Ctesias docte Medecin, qui suivit le jeune Cyrus dans son
expedition contre son frere Artaxerxez,
& qui y fut pris prisonnier, s'instruisit
beaucoup dans cette Bibliotheque royale,
& y apprit beaucoup de choses, qu'il porta
ensuite en Grece, ou nous irons avec luy
pour y chercher les Bibliotheques qui y
ont esté.

Des premiers Livres, & des Bibliotheques des Grecs.

IL est constant que nous n'avons rien de
certain touchant l'antiquité des Grecs ;
& c'est de quoy Plutarque se plaint dans
la vie de Thesée, où il dit qu'au dessus des
temps de cet Heros Athenien il n'y avoit
dans l'Histoire Grecque que des regions
ou toutes roides de froid, ou toutes brûlées d'ardeur, telles que les Geographes
nous les representent vers les Pôles, &
au milieu de la terre. *Regiones aut rigentes
glacie, aut astu torridas, quæ in extremis
chartis Geographi depingunt.* Ce sont les
propres termes de cet Auteur. C'est aussi
ce qu'Horace reconnoit dans la neuviéme
Ode de son quatriéme Livre, où il dit

qu'à la verité il y a eû dans la Grece de Grands hommes devant Agamemnon, & mesme en grande quantité ; mais qu'on ne sçait rien de leurs actions, parce qu'il n'y a point eû d'Historien pour les décrire.

> *Vixere fortes ante Agamemnona*
> *multi: sed omnes illachrymabiles*
> *Vrgentur, ignotique longa*
> *nocte, carent quia vate sacro.*

Ainsi nous pouvons dire qu'il n'y a rien d'asseuré dans l'Histoire Grecque avant les guerres de Thebes & de Troye. Cela estant nous n'y chercherons pas plus loin la composition & l'amas des Livres ? encore faut-il considerer que les Grecs, aux temps où les sciences commencerent à fleurir chez eux, n'estoient pas de grands faiseurs de Livres ; témoins les premiers Pythagoriciens, à qui leur Maistre deffendoit expressement de rien donner par écrit. Mais il ne put si bien faire par ses deffences qu'on ne vît dans son temps mesme paroistre plusieurs Ouvrages sous son nom.

On n'est pas trop asseuré que les premiers sçavans, dont on a connoissance entre les Grecs, n'ayent point laissé d'Ouvrages aprés leur mort. Un Orphée, un Linus, un Muzée, un Chiron, un Atlas ont asseurement donné au public

des fruits de leur science. Quelques-uns
rapportent que le Poëme d'Hesiode étoit
dans le commencement gravé sur des Tables de plomb, & conservé dans le Temple
des Muses du mont Heliçon, desquelles ce
Poëte avoit esté Sacrificateur. On dit aussi
que Pherecide Precepteur de Pythagore
composa le premier en Prose (car on n'é-
crivoit qu'en vers avant luy) un Livre de
Theologie, dans lequel il enseignoit la
Metempsycose, qu'il avoit apprise des
Pheniciens. A la verité Pythagore des-
fendoit à une partie de ses Ecoliers de
rien mettre en lumiere : mais il permettoit
d'écrire a ceux qui estoient Mathemati-
ciens. Et mesme nous voyons que cette
deffence ne fit pas une grande impression
dans l'esprit de ses Disciples ; parce que
fort peu de temps aprés on vit de leur part
une tres grande quantité d'Ouvrages ;
peut estre trop. Aulugelle & Lipse le té-
moignent en quelque maniere ; puisque le
premier dit que Platon achepta les Livres
de Philolaus ; & le second asseure qu'un
autre Pythagoricien nommé Ocellus en
composa un intitulé 'περὶ παντός' que l'on
voit encore aujourd'huy. Il y a quelques
Auteurs qui attribuent à Eculape un Livre qui a pour titre la Navicule. Les La-
cedemoniens n'avoient point de livres

chez eux ; parce qu'ils exprimoient tout
en si peu de paroles, qu'il n'estoit pas
fort necessaire d'écrire pour retenir plus
aisement ce qu'ils avoient à apprendre.
Les Atheniens au contraire ne furent pas
long-temps sans composer plusieurs Ouvrages ; parce que ç'estoient de grands
parleurs, qui donnoient plus au discours qu'à l'action; au contraire des Lace-
demoniens, qui donnoient plus à l'action
qu'au discours. Cette grande inclination
à parler fit bientôt naître celle d'écrire
dans l'esprit des Atheniens, de mesme
qu'en quelques uns de leurs Voisins, qui
leur cedoient fort peu en l'un & en l'autre. Ainsi en peu de temps on vit dans la
Grece un nombre infini d'Ouvrages, dont
la renommée se repandit par tout le
monde. Ainsi la Grece en moins de rien devint florissante dans toutes sortes de sciences, particulieremét la Ville d'Athenes.
Et l'on en fut si bien convaincu dans toutes les autres Nations, que les Ouvrages
& la langue des Grecs eurent vogue par
tout, comme les seuls Livres qui meritas-
sent d'estre leus, & la seule langue qui fût
digne d'estre en usage. C'est ce que Ciceron témoigne dans son Oraison. *Pro Ar-*
chia, lors qu'il dit, *Græca leguntur in omni-*
bus fere gentibus : latina suis finibus, exiguis

B iiij

fane, continentur. Pline & S. Auguſtin diſent la meſme choſe. Et de fait l'Aſie, l'Afrique, & l'Europe ne ſe ſervoient plus alors que de l'Idiome Grec. Par tout on écrivoit en Grec : par tout on parloit Grec ; chez les Romains ; chez les Gaulois, où la Ville de Marſeille entre autres ſe rendit ſi celebre par ſon Academie ; chez les Partes meſmes, tous barbares qu'ils eſtoient ; & juſques chez les Juifs, quelques jaloux qu'ils fuſſent de leur langue, les plus polis & les plus ſcavans ne ſe ſervoient que de celle des Grecs pour parler & pour écrire ; dont Philon & Joſeph nous fourniſſent un bel exemple.

Cela eſtant il faut, maintenant que la Grece eſt toute remplie de livres, voir qui a eſté celuy qui le premier y en a amaſſé pour dreſſer une Bibliotheque. Ce fut Piſiſtrate Tyran d'Athenes, ſi nous en croyons Valere Maxime. Ce Tyran qui fut le plus eloquent homme de ſon temps, voulant obliger le Peuple, ou pour mieux dire voulant regagner ſes bonnes graces, qu'il avoit perduës en luy raviſſant la liberté, il s'aviſa de compoſer une grande Bibliotheque, dont il rendit l'uſage libre à tout le monde. Ce fut luy, ſelon le rapport de Ciceron, qui ramaſſa les Ouvrages d'Homere, qui eſtoient diſperſez de coſté

& d'autre ; & qui nous les donna tels que nous les avons. Quelques-uns difent que ce fut Hipparcus fon fils. D'autres affeurent que ce fut Solon. Et mefme il s'en trouve qui le rapportent de Lycurgue, & d'un certain Zenodotus Ephefien. Quoy qu'il en foit il eft certain qu'aprés la mort de Pififtrate les Atheniens aug-menterent beaucoup cette Bibliotheque. Et mefme ils en firent d'autres, dont Xer-xez emporta tous les Livres en Perfe, lorf-qu'il fe fut rendu Maiftre de la Ville d'A-thenes. Mais quelques Siecles aprés Se-leucus furnommé Nicanor les fit rapporter dans cette Ville , felon le témoignage d'Aulugelle.

Zwinger dit qu'en ce temps-là même il y avoit une tres-belle Bibliotheque dans l'Ifle de Cnide , une des Cyclades. Et il adjoûte qu'Hippocrate pouffé d'en-vie de ce que les habitans de cette Ifle ne fuivoient pas fes Principes & fes Dog-mes, là fit toute brûler. Mais je ne fçay fi l'on doit ajoûter foy à un tel rapport. Il eft bien vray que l'envie avoit fou-vent du pouvoir fur l'efprit de ces grands Perfonnages de l'Antiquité, tous Phi-lofophes qu'ils étoient. *Petrus crinitus* dans fon Livre *De honeftâ difciplinâ*, rap-porte que Platon fut fi envieux du merite

de Democrite qu'il eût fait brûler tous
ses Ouvrages, si Amydas & Clinias
Philosophes Pythagoriciens ne luy eussent remontré qu'il estoit inutile de le faire, parce qu'il y en avoit des Exemplaires de tous côtez. On dit aussi qu'Aristote estoit travaillé de la même maladie à l'égard des Ouvrages de tous les Philosophes qui l'avoient précedé. Mais je ne m'apperçois pas que je me détourne de mon sujet, où je reviens pour dire que Clearque Tyran d'Heraclée, & Disciple de Platon & d'Isocrate, dressa une tres-belle Bibliotheque dans sa Ville ; ce qui luy acquit tant d'estime parmy ses sujets, qu'encore qu'il eût exercé envers eux toutes sortes de cruautez, cette action neanmoins ne laissa pas de le rendre fort recommandable dans leurs esprits.

Strabon rapporte qu'Aristote fut le premier qui amassa des Livres ; & qu'il enseigna au Roy d'Egypte la maniere de faire une Bibliotheque. Mais je ne voy pas comment cela auroit pû estre ; puisque quand Ptolomée Philadelphe, qui fut le second Roy d'Egypte aprés Alexandre le grand, érigea sa pompeuse Bibliotheque, il y avoit déjà plus de quarante Ans qu'Aristote estoit mort. Je

ne doute point que ce grand Philofophe
n'ait eu une belle Bibliotheque : il luy ê-
toit aisé d'en faire : Car outre qu'il eftoit
riche, il avoit un Maiftre qui com-
mandoit par tout. Il eftoit luy-même u-
ne Bibliotheque vivante. Mais ce qui
fait voir manifeftement la paffion & le
moyen que ce Philofophe avoit d'a-
maffer des Livres, & ne laiffe aucun lieu
d'en douter, c'eft que quand le Philofophe Speufippus neveu de Platon fut
mort, il achepta fes Ouvrages la fomme
de trois talents attiques, qui reviennent
à deux mille écus & plus de noftre monnoie, felon la fupputation de Budée. Il
laiffa fon Ecole & fa Bibliotheque à
Theophrafte. Celuy-cy donna la Bibliotheque à Neleus. Neleus la vendit à certains ignorans, qui la negligerent beaucoup ; Mais qui ayant appris la paffion
extréme avec la quelle Attalus Roy de
Pergame amaffoit des Livres de tous côtez l'enterrerent, de peur qu'il ne l'em-
portât de force. Mais quelque temps a-
prés l'humidité de la terre ayant prefque
entierement gafté ces Livres, quelques-
uns de la famille de ceux-là mêmes, qui
les avoient enterrez, les déterrerent, &
les vendirent à un certain nommé Apellicon. Cet Apellicon plus curieux des Livres

que de la doctrine qu'ils contenoient,
les fit tranfcrire, pour reparer ce qui en
avoit efté retranché par l'humidité de la
terre. Mais on le fit fi mal que ces Livres fûrent tous remplis de fautes. Apellicon eftant mort, Scylla fit tranfporter
fa Bibliotheque à Rome, où elle tomba
en la poffeffion de Tyrannion le Grammairien, qui eftoit fort paffionné pour
Ariftote. Il en eut du moins tous les Livres de ce Philofophe, avec ceux de
Theophrafte fon Difciple & fon fucceffeur. Et peu de temps aprés il les donna
à Andronicus Rhodien, qui les mit en
lumiere. Mais, comme j'ay déjà dit, ils
fûrent fi mal décrits, & remplis de tant
de fautes, par la negligence & l'ignorance de ceux, qui les tranfcrivirent, que fi
Ariftote reffufcitoit, il ne les reconnoî-
troit pas pour fiens, & les defavoüeroit
comme des enfans illegitimes. Or fi les
Exemplaires grecs ont efté ainfi corrom-
pus? que ne doit on pas penfer des Ver-
fions latines. Certes je croy que les Interpretes y ont bien plus mis de leur
fond que de celuy d'Ariftote. Au refte je
me fouviens d'avoir dit que Neleus vendit à Ptolomée Philadelphe les Ouvrages de ce Philofophe; ce qui femble con-
tredire à ce que je viens d'alleguer de la

deſtinée de ces Ouvrages. Mais il eſt aiſé d'accorder cette contradiction, en diſant que Neleus ne luy en vendit que des Copies qu'il en fit faire; Et il eſt vray auſſi. Je croy qu'on ne ſera pas fâché d'apprendre ce que je viens de raconter des Livres d'Ariſtote ; parce qu'on peut juger de là combien on doit ſe défier de la plûpart des Ouvrages que nous avons ; puiſque ſelon toutes les apparences ils ont eu le même ſort que ceux de ce Philoſophe. Mais je reviens aux Bibliotheques des Grecs, & j'en finiray le dénombrement par celle d'Apamée, que Camerarius louë comme une des plus celebres de l'Antiquité. Angelus Rocha dans ſon Catalogue de la Bibliotheque du Vatican dit qu'elle contenoit plus du 10000. Volumes. Mais je ſuis ſurpris de ce que Lomeirius met cette Bibliotheque au rang des Grecques; puiſqu'Apamée eſtoit une Ville de Bithynie, & non pas des Marſes; comme cet Auteur pretend ; outre que les Marſes eſtoient en Italie, & non pas en Grece. C'eſt peu de choſe neanmoins ; de ſorte que nous n'avons pas fait difficulté d'obſerver le même ordre, nous contentant d'y faire cette remarque. Cependant aprés avoir parlé des Bibliotheques des Grecs, il faut voir celles des Romains.

Des premiers Ouvrages, & des Bibliothe-ques des Romains.

IL est certain que comme il n'y avoit pas beaucoup de Livres parmy les anciens Grecs, il n'y en avoit pas aussi beaucoup parmy les anciens Latins, ou pour mieux dire il n'y en avoit point du tout, si nous en croyons quelques Auteurs, qui asseurent que la coûtume des anciens Latins estoit que les plus vieux instruisoient de vive voix les plus jeunes; de sorte que toute leur science estoit renfermée dans la tradition. Et c'est ce que Virgile semble confirmer, quand il fait ainsi parler le Roy Latin touchant l'Origine des Troiens.

Atque eq idem n mini (fama est
obscurior annis)
Aurencos ita ferre senes.

Ainsi il ne faut point chercher de Li-vres à Rome, avant qu'elle fut prise par les Gaulois; & ce d'autant plus que s'il y en avoit quelques uns dans ce temps-là, ils furent alors tous consumez dans l'in-cendie de cette Ville.

Il y avoit parmy les Romains, comme parmy les Juifs, de deux sortes de Bibliotheques, les unes publiques, & les autres particulieres. Les publiques estoient composées de Livres, qui concernoient la Police & l'administration civile, & contenoient les Loix & les Actes. Les Loix Romaines estoient gravées sur des Tables d'airain, & conservées dans le Thresor public. Les principales de toutes ces Loix étoient celles des douze Tables, dont Ciceron fait l'eloge au premier Livre de l'Orateur ; & que le Philosophe Phavorin dit avoir leuës avec autant de passion & de plaisir que les douze Livres que Platon a composez des Loix. Les Actes estoient de deux sortes, du Senat, ou du peuple. Ceux du Senat n'étoient autre chose, que certains Registres où l'on écrivoit tout ce que les Peres conscripts disoient & faisoient. Ce fut Jules Cesar qui inventa cette espece de Police, & qui voulut, selon le rapport de Suetone, que les actes du Senat & du peuple fussent écrits, & publiez tous les jours. Mais son successeur Auguste en abolit la publication, de peur que les secrets du Senat ne fussent divulguez. Le même Suetone rapporte que le Capitole ayant esté brûlé, l'Empereur Vespasien entreprit de redonner des copies de de trois mille Tables d'airain, qui y a-

voient été confumées par le feu, & fur
lefquelles on avoit écrit tous les Decrets
du Senat,& les Arrefts du peuple , qui a-
voient efté rendus & publiez depuis la
fondation de la Ville. Les Actes du peuple contenoient les jugemens publics,
les divers genres de fupplices , les affem-
blées, les édifices, les deceds des hommes illuftres, les mariages , les divorces,
les nativitez, les teftaments. Et il y a-
voit des Regiftres , dans lefquels on é-
crivoit journellement toutes ces chofes,
& que l'on confervoit Religieufement
dans des Temples. Ceux qui veulent
connoiftre à fond toutes ces matieres,
n'ont qu'à confulter *Rofinus de antiqui-
tatibus Romanis.* Je diray feulement, a-
fin d'en bien finir le difcours, qu'on a
confervé long-temps dans Rome ces
Tables cenforiennes, dans lefquelles on
avoit du temps d'Augufte écrit les noms
de tous ceux qui eftoient fous fa domina-
nation, parmy lefquels on lifoit le nom
adorable du Sauueur, & le temps de fa
naiffance. *De Cenfu Augufti, quem
teft… fidelifsimum Dom'nica nativitatis
Romana archiva cuftodiunt.* Comme dit
Tertulien contre Marcion. Voilà en peu
de mots tout ce qui regarde les Bibliotheques publiques, c'eft àdire les Regi-

tres ou Livres publics , dans lesquels
on écrivoit tout ce qui dépendoit de l'adminiſtration civile, & ce qui pouvoit apporter du reglement & de l'ordre dans la
Republique.

Il y faut auſſi rapporter les bibliotheques ſacrées, qui contenoient les Livres
de la Religion des Romains. Cette Religion dépendoit de quatres choſes qui
la compoſoient, des Pontifes, des Augures, des Livres des Propheres, & de la
Diſcipline des Hetruſques. Les Pontifes
avoient leurs Livres, qui contenoient
la doctrine des temps & des ceremonies.
Les temps renfermoient les Annales &
les Faſtes. Les annales n'eſtoient autre
choſe que l'hiſtoire de tout ce qui s'eſtoit
fait tous les ans par le peuple depuis la
fondation de Rome , à la compoſition &
à la conſervation de laquelle hiſtoire le
Souverain Pontife eſtoit obligé de travailler. Les Faſtes outre l'hiſtoire contenoient les Feſtes du peuple ; ce qui eſt
amplement décrit dans Ovide & dans
Feſte. Les ceremonies eſtoient dans les
Livres les plus ſecrets des Pontifes, qui
y apprenoient ce qu'il falloit faire pour
le Culte de leur Religion ; c'eſt à dire en
quel jour, & en quel temps il falloit
ſacrifier , & de quelles victimes il falloit

s'y servir felon l'occurrence des affaires. Cette doctrine estoit fort secrette
parmy les Romains : Et il estoit deffendu
fur peine de la vie à tout autre qu'au Pontife de lire les Livres qui la contenoient.
Mais l'article le plus fecret de cette
fcience estoit le nom du Dieu tutelaire
de la Ville de Rome, que les Romains
cachoient avec un foin extréme ; de peur
que ce Dieu venant à estre connu, leurs
ennemis ne l'évoquaffent par enchante-
ment, & ne l'obligeaffent à leur nuire.
Le College des Augures avoit auffi fes
Livres, qui enfeignoient l'Art de prédire
par le chant, par le vol, & par la maniere de
mâger des oifeaux; fur quoy l'on peut voir
Ciceron dans fon Livre *De divinatione*,
& Servius fur le quatriéme de l'Eneide:
Il y avoit auffi les Livres des Prophetes,
parmy lefquels ceux de la Sybille Cuma-
ne tenoient le premier rang. Ce font
ceux-là mémes que le Roy Tarquin l'ancien achepta trois cens écus d'or. Enfin
il y avoit ceux qui traittoient de la Difci-
pline des anciens Hetrufques; c'eft à dire,
qui enfeignoient ce qui eftoit préfagé par
les monftres & les prodiges ; les ceremonies qu'il falloit obferver pour bâtir une
ville ou une maifon ; pour ériger & fa-
crer un Autel ; pour diftribuer les tri-
buts, les decuries, & les centuries; pour

ordonner & ranger une armée ; En
un mot pour faire tout ce qui concerne
la paix & la guerre. Ils enseignoient aussi
l'Art de deviner par les entrailles des victimes ; & plusieurs autres choses, que
l'on peut voir dans Ciceron, dans Feste,
dans Ammian Marcellin, & dans quelques autres Auteurs, qui ont traitté à
fond de ces matieres. Nous rapporte-
rons à ce genre de Livres ceux que les Romains appelloient *Fatales* ; parce que l'â-
ge des personnes y estoit décritte; comme aussi les *Acherontici Libri*, qui traittoient des Sacrifices, & des ceremonies
du Culte infernal. Mais quelques-uns
confondent ces deux especes de Livres, &
n'en font qu'une. Quoy qu'il en soit,
quand les Romains estoient attaquez de
peste, ou de quelque autre grand malheur,
ils consultoient ces Livres, pour sçavoir
ce qu'ils avoient à faire ; sur quoy l'on
peut voir Arnobe *adversùs gentes.*

Aprés avoir parlé des Bibliotheques
publiques, qui estoient chez les Romains, il faut maintenant dire deux mots
des particulieres. Il est certain que jamais Nation au monde n'a eu plus de
moyen de faire de belles Bibliotheques
ue celle des Romains; parce que s'estant
9 nduë maistresse de toute la terre, il luy
estoit aisé d'avoir toutes sortes de Livres.

Nous lisons que quand Carthage fut prise, le Senat donna à la famille des Regulus tous les Livres, qui s'y estoient trouvez ; & dont il en fit traduire en latin vingt huit qu'un Carthaginois, nommé Magon, avoit composez. Pline & Pierre le Chevelu ne disent point de quelles matieres ces Livres traittoient. Plutarque dit que Paulus Emilius donna à ses enfans, qui estoient fort studieux, la Bibliotheque de Persée Roy de Macedoine, qu'il avoit vaincu & mené en Triomphe dans Rome. Et neanmoins Isidore asseure qu'il legua cette Bibliotheque au public. Mais Asinius Pollion fit plus que cela : car il en dressa une en faveur du public des dépoüilles de tous les ennemis qu'il avoit domptez. & non seulement il la remplit de toutes sortes de Livres, qu'il avoit trouvez de tous côtez; mais aussi il l'embellit des images des hommes doctes, entre lesquelles on voyoit celle de Varron le plus sçavant des Romains. Ce Varron avoit aussi une tres-belle Bibliotheque. Celle de Ciceron devoit pareillement estre ample & curieuse, si l'on a égard à son sçauoir, à son inclination, & à sa dignité. Mais elle fut beaucoup augmentée de celle de Pomponius Atticus son amy, la possession des Livres duquel luy donna tant de joye, qu'il se tenoit plus heureux de les auoir, que de joüir de toutes les richesses de Crassus. Ce sont ses propres termes. Plutarque fait mention de celle de Lucullus en la vie de ce Romain; & il la loüe comme une des plus considerables Bibliotheques du monde, non seulement pour la grande quantité de Livres, dont elle estoit composée, mais aussi pour la beauté du lieu, où elle estoit située, & pour l'embellissement duquel Lucullus avoit fait des dépenses excessives. Iules Cesar en dressa aussi une, qui estoit digne de sa magnificence : & il en donna la garde à Varron, dont les soins & les lumieres contribuerent beaucoup à son augmentation. Il y avoit encore celle que l'Empereur Auguste erigea contre le Temple d'Apollon, sur le Mont Palatin. Horace, Juvenal, & Perse en font mention comme d'un lieu où les Poëtes lisoient & laissoient leurs Ouvrages. Le premier dans la troisiême Epistre de son premier Livre d'Epistres

Scripta Palatinus quæcunquè recepit Apollo.

Le second dans sa septiême Satyre; lors que parlant d'un riche vilain, qui pour se dispenser de donner de l'argent à un pauvre Poëte, qui luy presente des vers, en fait aussi qu'il luy donne pour toute recompense, il dit que ce vilain méprisoit le jugement que les hommes sçavans faisoient des Ouvrages de Poësie qu'on avoit accoûtumé de reciter dans la Bibliotheque du Temple d'Apollon sur le Mont Palatin.

> *Accipe nunc artes, ne quid tibi conferat iste*
> *Quem colis, & Musarum, & Apollinis æde relicta.*

Et le troisiême dans le Prologue de ses Satyres, où il dit,

> *Ipse semipaganus*
> *Ad Sacra Vatum, carmen affero nostrum*

L'Empereur Vespasien en fonda une aussi prest du Temple de la paix, à l'imitation d'Auguste, & de Jules Cesar.

Quelques Auteurs rapportent qu'en ce temps-là même il y avoit un certain nommé Triphon fort affectionné à amasser des Livres ; ce qui sans doute a porté Martial à luy donner cette Epithete.

> *Non hab o, sed habet Bibliopola Triphon-*

Nous lisons pareillement que Tyrannion le Grammairien, dont j'ay déjà parlé, en amassa jusques à trois milles ;

qui eſtoit beaucoup pour un particulier. Neanmoins un autre Grammairien
nommé Epaphrodite, qui vivoit du temps
de Trajan, compoſa une Bibliotheque
de plus de trente mille volumes, ſi nous
en croyons Aulugele. Mais la plus celebre de toutes ces Bibliotheques fut celle de Trajan même, qui la nomma *Vl-
pie*, à cauſe de ſon nom *Vlpius Trajanus*.
Elle fut dreſſée pour l'uſage du public.
Et ſelon le rapport du Cardinal Volateran cet Empereur y fit mettre les belles
actions des Princes, & les Arrets du
Senat en des livres de toile couverts d'y-
voire. Quelques Auteurs aſſeurent que
la grande quantité de Livres que Trajan
trouva dans les Villes, qu'il avoit cóquiſes,
le porta à faire cette Bibliotheque. Mais
il eſt plus croyable qu'il y fut excité par
les conſeils de Pline le jeune, qui eſtoit à
ſon ſervice. Quoy qu'il en ſoit je trouve encore dans Rome environ ce temps-
là même la celebre Bibliotheque de Sam-
monicus Precepteur de l'Empereur Gor-
dian. Iſidore & Boece en diſent merveilles: Car outre quatre vingt mille volumes
qu'elle contenoit, tous bons & tous choi-
ſis, c'eſt, diſent-ils, que le lieu où on
l'avoit placée eſtoit pavé de marbre, &
lambriſſé d'or, ayant ſes murailles revé-

tuës de verre & d'yvoire, avec les ar-
moiries & les pupitres d'ebene & de ce-
dre. Aprés avoir rapporté tout ce que
j'ay pu trouver de Bibliotheques dans le
Paganisme, l'ordre veut que nous passions maintenant à celles des Chrestiens,

Des Bibliotheques des Chrestiens vers les premiers Siecles du Christianisme.

IL ne faut pas neanmoins s'imaginer
que j'entreprenne de discuter cette
matiere dans toute son estenduë, je veux
dire d'éclaircir toutes les diffiultez qui se
rencontrent sur le sujet de la destinée que
les Livres ont eu dans les premiers siecles du Christianisme. Cette entreprise
demande plus d'eruditiou que je n'ay.
Neanmoins je feray tout ce que je pour-
ray pour satisfaire la curiosité du Lecteur.
Ainsi pour retourner à mon sujet, il faut
remarquer que les premiers Chrestiens
ont esté tres-peu soigneux de faire & d'a-
masser des Livres ; soit parce qu'ils
croyoient devoir employer tout leur
temps à bien vivre plûtost qu'à écrire ;
soit parce que les persecutions ne leur
donnoient pas le loisir de le faire. Quoy
qu'il en soit il est certain que fort peu
d'entre

d'entre eux se sont adonnez à la composition ; ce qui donna lieu à Eusebe de se
plaindre au commencement de son histoire, de ce qu'il n'avoit point de guide
pour le conduire dans la construction de
cet Ouvrage. Il faut encore observer que
quoyque les premiers Chrestiens ayent
fait tres-peu de Livres, neanmoins nôtre
malheur a voulu aussi que la plûpart de
ces Livres ne soient point parvenus jusques à nous, ou par l'injure du temps,
qui détruit toutes choses, ou par la malice de quelques fourbes, qui ont esté bien
aises de supprimer des Ouvrages, dont
le témoignage authentique eût pu les convaincre de division d'avec la verité & la
pureté du premier Christianisme. Ces raisons sans doute ont esté cause que nous
avons perdu une grande partie des Ouvrages des premiers Chrestiens, dont on
peut voir les noms & les titres dans S.
Hierôme, & dans Eusebe. Il faut remarquer enfin que ceux d'entre les premiers
Chrestiens qui estoient sçavans, particulierement ceux qui des tenebres du Paganisme estoient passez aux lumieres de l'E-
vangile, brûlerent quantité de Livres des
Payens, & en corrompirent beaucoup
d'autres : Ce qu'ils firent par devotion;
parce que ces Livres estoient pleins d'im-

pietez & de menſonges : Mais ils ſe ſervoient volontiers de ceux qui n'avoient
rien de contraire à la Religion, ny pour
les mœurs, ny pour la croyance. Et c'eſt
de quoy nous avons un exemple en la
perſonne même de Saint Paul, qui li-
ſoit avec plaiſir, & citoit avec ſuccez
les œuvres d'Aratus, de Callimaque, de
Menandre, & de pluſieurs autres Auteurs
Payens, qui ſe ſont rendus recomman-
dables par leur bonne doctrine. C'eſt
auſſi ce que Saint Auguſtin exprime admirablement bien dans ſon Livre de la
Doctrine Chreſtienne, lors qu'aprés a-
voir juſtifié ce procedé par de bonnes rai-
ſons, il en cite pour exemple Saint Cyprian, Lactance, Victorin, Optat, Hilaire, & pluſieurs autres, tant morts que
vivans alors, qui avoient cru, & qui
croyoient pouvoir avec juſtice ſe ſervir de
ce qu'il y a de vray dans les Auteurs ; puis
que la verité appartient à tout le monde ;
& que venant de Dieu comme de ſon Prin-
cipe, tout le monde eſt egalement obligé
de la prendre par tout où elle eſt, pour la
faire auſſi retourner à Dieu comme à ſa
fin.

Cela ſuppoſé nous pouvons commencer
en diſant que les premiers Chreſtiens,
je parle de ceux qui cultivoient le

Sciences aussi bien que la vertu) avoient des Bibliotheques composées de toutes sortes de Livres , excepté de ceux que quelques considerations leur firent supprimer. Il est certain que Saint Paul étoit curieux d'avoir de bons Livres, aussi-bien que de les lire ; & c'est ce qu'il témoigne luy-mesme dans sa deuxiême Epitre, lors qu'il ordonne à son Disciple Timothée d'en apporter le plus qu'il pourroit à Rome. Nous devons croire aussi que ce grand Apostre devoit une partie de son sçavoir à sa grande lecture, une autre partie aux Preceptes de Gamaliel son Maistre, qui estoit le plus celebre Docteur de son temps , & le tout à la grace de Dieu , qui en avoit fait un vase d'election pour la conversion des Gentils. Il est croyable pareillement que Saint Paul ne fut pas le seul d'entre les premiers Chrestiens , à qui l'amour de l'etude fit amasser des Livres. Il y en a eu plusieurs poussez d'une même inclination: entre lesquels je remarque qu'Origene excelle , tant parce qu'il avoit ramassé toutes sortes de Livres sacrez & prophanes, que parce que luy-même il en composa assez pour faire une Bibliotheque. A la verité jamais homme n'a tant écrit que luy : C'est pourquoy Saint

Hierôme s'écrie avec raison, en écrivant
à Pammachius, *Quis nostrûm potest tanta
legere, quanta ille conscripsit.* Et Platine
rapporte que six écrivains, qui se succe-
doient les uns aux autres, ne pouvoient
presque suffire pour écrire ce qu'il di-
ctoit : Encore estoient-ils secondez de
plusieurs filles sçavantes, qu'Origene
avoit luy-méme instruites, Que si quelqu'un desire sçavoir le grand nombre
d'ouvrages qui ont esté composez par ce
grand Homme, il n'a qu'à voir *l'Orige-
niana* de Monsieur Huet, Abbé d'Aulnay,
sous-Precepteur de Monseigneur le Dauphin, & l'illustre Interprete d'Origene. Il apprendra à fond la vie, les œuvres, & la Doctrine de ce Pere de l'E-
glise. Saint Hierome eut aussi une belle Bibliotheque, qu'il fit transporter de
Rome en sa Solitude, où il passa le reste
de ses jours dans l'étude & dans l'Oraison. Baronius sur l'Année 362 fait aussi
mention de celle de Georges Evêque
d'Alexandrie, comme d'une Bibliotheque qui estoit pleine de toutes sortes de
Livres d'Histoire, de Philosophie & sur-
tout de Commentaires sur la Doctrine Chrestienne. Et il asseure que
Porphire la fit transporter à Anticohe
par l'ordre de Julien l'Apostat qui à la

vouloit avoir. Le même Auteur ſur l'Année 253 parle auſſi de celle d'Alexandre Evêque de Hieruſalem, comme d'une Bibliotheque fort ample, & Euſebe, aprés l'avoir bien loüée, avoüe qu'elle luy avoit beaucoup ſervi pour la compoſition de ſon Hiſtoire Eccleſiaſtique. Nous avons auſſi celle de Victorin, que Saint Hierôme loüe beaucoup, *in inſcriptione orationis Manaſſæ Regis Indæ.* Nous avons encore celle de Ceſarée que Julius Africanus commença ; & qu'Euſebe Evêque de cette Ville fit monter juſques au nombre de 20000 Volumes. Quelques uns en attribuent la gloire à S. Pamphile Preſtre de Laodicée &, intime ami d'Euſebe. Et de fait il ſemble que cet hiſtorien l'avoüe luy même ; puiſqu'il loüe ce Pamphile, non ſeulement de la peine qu'il avoit priſe à amaſſer tant de Livres, mais auſſi de les avoir tous leus, & bien appris ; de ſorte qu'on peut dire qu'il eſtoit luy-même une Bibliotheque vivante ; Et par conſequent bien different de celuy à qui Auſone addreſſe cet Epigramme ſous le nom de Philomuſe.

Emptis quòd Libris tibi Bibliopola re-
ferta eſt,
Magnum Grammaticum, te
putas.

Hoc genere & chordas, & plectra, & barbitā conde.

Omnia mercatus cras citharœdus eris,

Il y a beaucoup de perſonnes de cette humeur; & l'on ne peut mieux les comparer qu'au boſſu qui ne voit jamais ſa boſſe. Mais pour revenir à noſtre ſujet, nous liſons que ce S Pamphile, qui fut marryriſé, eſtoit ſi ſtudieux & ſi'aborieux, qu'il décrivit Luy même la plus grande partie des Ouvrages d'Origene, pour leſquels Euſebe avoit un eſtime extraordinaire. Ce fut de cette Bibliotheque que Saint Hierôme ſe ſervit beaucoup, pour la correction des Livres de l'ancien Teſtament; & ce fut auſſi où il trouva l'Evangile de Saint Mathieu en Hebreu. Quelques Auteurs rapportent qu'elle fut preſque toute diſſipeé; mais que Saint Gregoire de Nazianze, & Euzoius la repareret quelque temps aprés. Nous avons encore la Bibliotheque d'Hippone, dont Saint Auguſtin fait mention; Celle d'Antioche que l'Empereur Jovinian fit brûler à la perſuaſion de ſa femme, comme il eſt porté dans l'hiſtoire de cet Empereur, où cette Bibliotheque eſt miſe au nombre des plus celebres. Mais pour ne point faire tant de citations, je diray ſeulement qu'il eſt croia-

ble que chaque Eglise avoit une Bibliotheque, qui servoit aux gens d'étude;
afin qu'ils eussent la commodité de s'instruire, pour enseigner les autres. C'est
ce qu'Eusebe rapporte, ajoûtant que la
plûpart de ces Bibliotheques, & des Ora-
toires, où elles estoient placées, furent
brûlées & détruittes par le commandement de l'Empereur Diocletian. En effet nous lisons que les Evêques & les
Prestres avoient un soin particulier de
satisfaire à l'Ordonnance, qui leur com-
mandoit d'amasser & de conserver, non
seulement les livres de l'ancien & du nouveau Testament, mais aussi tous les ouvrages des Docteurs de l'Eglise. Et c'est de
quoy nous avons un bel exéple en la personne de Meliton Evêque de Sardis, qui
alla par tout l'orient, pour chercher les Livres de l'ancié testament. Nous lisós aussi
qu'aprés que Pantenus Philosophe Stoici-
en se fut converti à la foy, il alla aux Indes, où il apprit que Saint Barthelemi
avoit préché JESUS-CHRIST, &
& où il trouva l'Evangile de Saint Mathieu en Hebreu, qu'il rapporta dans A-
lexandrie. Mais ce qui confirme tout-à-
fait cette verité, c'est que chaque Eglise nourrissoit & entretenoit une certaine
quantité de Scribes, qui ne faisoient au-

tre chofe que de tranfcrire continuelle-
ment les Ouvrages des Auteurs, & les
vies des Saints. Et c'eft ce que le premier
Tome des Conciles rapporte del'Eglife de
Rome, où l'on peut bié juger qu'il y avoit
auffi une Biblotheque tres-confiderable.

Nous allons maintenant en voit de
plus grandes que celles dont nous a-
vons parlé : Premierement parce que
nous fommes parvenus au temps , où
les Chreftiens avoient la liberté d'écrire , & d'amaffer autant de Livres
qu'il leur plaifoit, parce qu'ils n'êtoient
plus perfecutez : En fecond lieu parce
que le nombre des Livres avoit efté fort
augmenté , par le moyen de tant d'Auteurs Ecclefiaftiques, qui avoient fait
de fi beaux ouvrages. Mais il faut remarquer qu'en ce temps-là même les
Moines commencerent à parroiftre. Chacun fçait que la crainte & la fuite de la
perfecution donnerent lieu à ce genre de
vie. Tous les Hiftoriens rapportent
qu'une grande quantité de perfonnes
voulans éviter la mort, qui leur eftoit
infaillible dans la Ville, s'ils ne chan-
goient de Religion, fe refugierent dans
des folitudes éloignées, où aprés
avoir vécu quelque temps fort cachez, & dans des aufteritez incroya-
bles , mais fans aucune communication

les uns avec les autres, ils embrafferent
à la fin les regles du Cenobifme; & de
veritables Moines qu'ils eftoient, c'eft
à dire Hermites & Anachoretes, ils de-
vinrent gens de compagnie, gens de
communauté, vivans fous certains
inftituts & reglemens, qui leur eftoient
donnez par le plus ancien & le plus
fage de tous, qu'ils nommoient pour cet
effet, *Abbas*, c'eft à dire leur Pere.
Voilà l'origine des focietez Religieu-
fes, dont j'ay cru eftre obligé de parler,
pour faire obferver que parce que ces So-
litaires avoient beaucoup de loifir, ils
en emploient la plus grande partie à
décrire les Ouvrages des Auteurs. Et
c'eft la raifon pour la quelle il y a tant
de Manufcrits anciens dans les Bibliotheques des Communautez de Moines.
Mais il faut auffi remarquer qu'ils n'ont
pas toûjours efté de tres-fideles copiftes:
Et que bien fouvent leur ignorance, &
leur intereft leur a fait corrompre
beaucoup d'Auteurs que nous ferions
bien aifés d'avoir tous entiers : Ce qui a
efté fi avant, qu'ils en font venus jufques à fuppofer des Ouvrages de leur
façon en la place des veritables. J'ay
cru devoir avertir de cela; parce que j'ef-
pere qu'il nous fervira dans la fuite.

G v

Ainſi pour revenir à nos Bibliotheques, celle qui ſe preſente d'abord eſt la célebre Bibliotheque de Conſtantin le grand, qu'il dreſſa en l'An de Grace 336, ſelon le rapport de Jonare. Cet illuſtre Empereur voyant que la malice des Tyrans qui l'avoient precedé, avoit privé les Chreſtiens d'une grande quantité de Livres tres-utiles, il en fit ſoigneuſement rechercher tous les Exemplaires & toutes les Copies : Et aprés avoir beaucoup dépenſé, pour en faire décrire d'autres, il en compoſa cette fameuſe Bibliotheque dans la Ville de Conſtantinople.

Julien l'Apoſtat ayant ſuccedé à ſon Empire, & non pas à ſon inclination, voulut non ſeulement priver les Chreſtiens du fruit d'un ſi grand bien, par un effet de la haine qu'il avoit conceüe pour leur Religion ; mais auſſi il voulut politiquement leur interdire tout-à-fait l'uſage des Sciences & des Arts, dans la penſée qu'il avoit qu'une entiere ignorance de toutes choſes détruiroit bien-toſt cette ſecte. Neanmoins Dieu par ſa bonté infinie empécha le ſuccez d'un ſi méchant deſſin, en trenchant bien-toſt le cours des années ds cet Empereur. Cependant comme il eſtoit auſſi

Içavant que grand Capitaine, il fit auſſi
pour ſon plaiſir eriger deux grandes Bibliotheques, l'une à Conſtantinople,
& l'autre à Antioche : au frontiſpice deſquelles il fit mettre cette inſcription,
qui a tellement plû à quelques uns, qu'ils
s'en ſont ſeruis pour la méme choſe.
Alij quidem equos amant, alij aves, a-
lij feras : Mihi verò à puerulo mirum ac-
quirendi & poſſidendi Libros inſedit deſide-
rium. C'eſt à dire les uns aiment les che-
vaux, les autres aiment la chaſſe; & moy
dés mon enfance j'ay toûjours aimé les
Livres.

Mais autant que cet Empereur infi-
dele fit d'efforts pour détruire la Bibliotheque de Conſtantin, autant en fit
Theodoſe le jeune pour l'augmenter ;
de ſorte que de ſix mille Volumes qu'elle contenoit au commencement de ſon
erection, il l'a fit monter juſques au
nombre de cent mille, dont plus de la
moitié furét brûlez par la malice de l'Empereur Leon Iſaure Chef des Iconoclaſtes.
Ce Theodoſe fut ſi paſſionné pour l'augmentation & l'ornement de cette Bibliotheque, qu'il décrivit luy-méme les
Livres du nouveau Teſtament, & les Ouvrages de pluſieurs Peres de l'Egliſe, a-
fin de les y mettre comme une marque
de ſon zele auſſi bien que de ſon travail,

Sa femme même l'Imperatrice Athenaïs,
fille du Philosophe Leonce, y contribua
pareillement par les beaux Poëmes qu'elle fit sur les uictoires de l'Empereur Ar-
cadius, & celles de son mary, dont elle
honora cette Bibliotheque Royale. On
voyoit là, les Ouvrages originaux de S.
Ambroise, de S. Athanase, de Jean Patriarche de Constantinople, de S. Cyrille, de S. Augustin, de S. Leon, de S.
Basile, de S. Gregoire, de S. Denis,
de S. Hilaire, de S. Chrysostome, &
de presque tous les Peres de l'Eglise.
C'estoit là qu'on voyoit l'Exemplaire
du premier Concile Oecumenique de
Nicée ; & ce fut aussi de cette Bibliotheque dont on tira les Livres qui servirent à convaincre d'erreur les Mono-
thelites. Un Auteur rapporte qu'Homere y estoit écrit en lettres d'or ; & qu'il
fut consumé par le feu, lors que la Bibliotheque fut brûlée par les Jconocla-
stes Il y avoit encore, si nous en croyons
un autre Auteur, une Copie des Evangiles, dont la couverture estoit dorée &
enrichie de pierres precieuses, qui toutes
ensemble pesoient quinze livres.

Des Bibliotheques du Christianisme dans
les Siecles Barbares.

CEpendant avant que de continuer ce
recit, il faut remarquer que nous

sommes arrivez au temps où les Sciences aussi bien que les Etats penserent presque trouver leur ruïne entiere par les
armes des Goths. Ces Barbares ne se
contentant pas de faire la guerre aux hommes, la faisoient aussi aux Livres, en les
brûlant de tous côtez, comme si c'eussent esté de veritables objets de leur ven-
geance: Et ils les auroient un jour tous fait
passer par le feu, si un d'entre eux bien
moins grossier, que les autres ne leur eût
finement persuadé qu'il falloit, pour
mieux faire, les laisser à leurs ennemis
comme autant d'amusemens inutiles,
plus capables d'amollir & d'effeminer
que de donner du courage. Cela réüssit
comme le Soldat se l'étoit proposé; car ils
se desisterent de leur entreprise. Mais je
ne sçay si son conseil estoit bon; du moins
il est permis d'en douter. Quoy qu'il en
soit cette consideration n'a pas empêché que ceux d'entre les Goths, qui ê-
toient les plus inhumains, ne nous ayent
privé d'un grand nombre de bons Livres,
que nous serions ravis d'avoir, parce
que peut-estre ils nous éclairciroient de
beaucoup de choses que nous souhaitte-
rions bien sçavoir. Il y a grande apparence que ces Barbares ne brulerent tant
de Livres que pour faire dépit à leurs
ennemis; puisque cela ne leur faisoit au-

cun bien à eux-mémes que celuy de faire
du mal à autruy. Nous chercherons donc
deformais les Bibliotheques parmy les
livres qui échapperent a la fureur de ces
impitoyables monftres du Nort.

La premiere que je trouve eft celle du
docte Caffiodore, Miniftre & favori de
Theodoric, Roy des Goths d'Italie,
vulguairement nommez Oftrogoths. Cet
illuftre Courtifan laffé de l'embarras &
de l'adminiftration des affaires, qu'il a-
voit fi long-temps & fi fagement condui-
tes, fe retira dans un monaftere. qu'il
fit bâtir exprés, pour y paffer le refte de
fes jours dans la priere & dans l'etude.
Ce fut là qu'enfaveur des Moines, qui de-
meuroient avec luy, il erigea une grande
Bibliotheque, ainfi qu'il le rapporte luy-
méme dans la Preface de fon Livre de
l'Ortographe. En ce temps-là méme le
Pape Hilaire, premier du nom, dreffa deux
Bibliotheques dans l'Eglife de S. Etienne:
& le Pape Zacharie, premier du nom, re-
para celle qui étoit à S. Pierre, felon le rapport de Platine.

Quelque temps aprés l'Empereur Charles-Magne erigea la fienne dans l'Ifle
Barbe auprés de Lion. Paradin rapporte
qu'il y mit une tres-grande quantité de
bons Livres, bien reliez & bien couverts.
Et Sabellic remarque avec Palmerius

qu'il y mit entre autres, le Manuscript Grec des œuvres de S. Denis, qu'il avoit receu comme un present fort considerable de Michel Empereur de Constantinople ; & qu'il fit traduire par Jean Scot, qui enseignoit alors à Paris. Mais il ne faut pas s'imaginer que ce soit ce Scot, qui a tant écrit contre S. Thomas, & qu'on a appellé le Docteur subtil. C'est un autre beaucoup plus ancien, que ses écholiers tuerent à coups de ganif ; parce qu'en expliquant les Ouvrages de S. Denis, il reprit quelques erreurs, qui s'estoient de son temps glissées dans l'esprit des Chrestiens. Nous lisons aussi que Charles-Magne honora sa Bibliotheque de l'ancien & du nouveau Testament, qui estoient en langue Grecque & Syriaque, & qu'il avoit luy-méme corrigez ; parce que selon le sentiment de quelques Historiens, il entendoit tres-bien ces langues, & estoit des mieux versez en toutes sortes de Sciences. Quelques autres neanmoins attribuent cette correction à Loüis le debonnaire son fils ; ce que je croirois plûtost. Il est certain neanmoins que Charles-Magne estoit fort sçavant : Mais je ne sçay si tout ce qu'on luy attribue est veritable. Quoy qu'il en soit nous lisons encore de luy qu'il fit bâtir en Al-

lemagne plusieurs Couvents Colle-
giaux, où il mit aussi de tres-belles
Bibliotheques, pour l'instruction de la
jeunesse. Il y avoit entre autres celuy de
S. Gal en Suisse, dont la Bibliotheque
estoit d'un grand prix. Il y avoit celuy
de Fuld, que Carloman & Pepin a-
voient fait bâtir, par les conseils de S.
Boniface, l'Apostre d'Allemagne ; & que
Charles-Magne augmenta, & enrichit
beaucoup. Ce fut dans ce fameux Monastere que Rabanus Maurus, & Hil-
debert vécurent, & étudierent. Il y avoit
celuy de Lauuissen au païs de Wormes ; dans tous lesquels Monasteres ce
grand Monarque erigea de tres-belles
Bibliotheques. Il en dressa aussi une tres-
superbe en son Palais d'Aix la Chappelle : Mais il ordonna en mourant qu'elle
fût venduë, & que l'argent en fût dis-
tribué aux pauvres. Loüis le pieux son
fils succedant à ses genereuses inclinations, aussi bien qu'a son Empire, favo-
risa en tout ce qu'il put les Sciences,
qu'il fit regner avec luy. Ce fut ce Prince qui fit composer le Monotessaron, c'est
à dire la concordance des quatre Evan-
gelistes, que Luther se vante d'avoir eu
en sa puissance, & qui depuis a esté mis
dans la Bibliotheque de Lypsic. Que si

Ce devot Prince n'a pas erigé de Bibliotheques comme un glorieux monument à
sa gloire, il a du moins beaucoup augmenté celle de son Pere.

L'Angleterre avoit aussi en ce temps là
des hommes illustres, qui y faisoient fleurir les sciences; & qui non seulement poussez du desir d'apprendre y amassoient des
livres, mais aussi qui en composoient
eux-mesmes. Il falloit certes qu'elle eût
beaucoup de ces hommes illustres ; puisqu'elle en fournissoit à toute l'Europe,
dont toutes les parties alors estoiét pleines
de doctes Anglois, qui y estoient venus
pour professer les sciences & les arts : témoin le celebre Alcuin qui fut Precepteur
de Charlemagne & qui avec sept ou huit
Compagnons estoit venu d'Angleterre à
Paris, pour instruire ceux qui desireroient
apprendre. Cependant nous avons malheureusement perdu la plus grande partie
des Ouvrages de ces illustres Anglois,
avec lesquels je confonds les Ecossois, &
les Hibernois, puisqu'ils ne font maintenant qu'un seul Etat. Nous avons entre
autres pertes fait celle de la grande Bibliotheque qu'Egberd Archevesque d'Yorc
dressa dans cette Ville ; & qui sous le regne d'Estienne fut toute brûlée avec l'E-
glise Cathedrale, le Monastere de S.

Marie, & plusieurs autres maisons Religieuses. Alcuin fait mention de cette Bibliotheque; & il la loüe beaucoup dans
son Epitre à l'Eglise d'Angleterre. Il y eut
encore en ce téps & en ce Païs là un certain
Gualterus dont les soins & les lumieres con-
tribuerét beaucoup à l'erectió de la Bibllio-
theque du Monastere de S. Alban, laquelle
estoit fort considerable. Il y en eut une
autre que certains Pyrates Danois pille-
rent toute entiere. Enfin il y eut celle de
Richard de Buri, Evesque de Dunelme,
Chancelier, & Grand Thresorier d'Angleterre, qui vivoit au douziéme Siecle. Cet
illustre Prelat aimoit tellement les Livres
qu'il en fit un prodigieux amas ; & il les
lisoit avec une passion extraordinaire de
devenir scavant. Il en composa un, intitulé
Philobiblion, où il enseigne les moyens de
fournir en peu de temps une Bibliotheque ; & ou representant les Livres comme de veritables Precepteurs, il dit fort
à propos. *Hi sunt Magistri, qui nos instru-
unt, sine virgis, & ferulis, sine cholera, sine
pecunia. Si accedis, non dormiunt si inqui-
ris, non se abscondunt. Non obmurmurant, si
oberres: Cachinnos nesciunt, si ignores.* C'est
à dire ce sont des Maistres qui nous ins-
truisent sans verges, sans passion, & sans interest. Si vous les allez trouver, ils ne d

ment point. Si vous les cherchez, ils ne
se cachent point. Ils ne se fachent point de
vos fautes, & ne se raillent point de vo-
tre ignorance.

Cependant il faut remarquer qu'en ce
temps-là mesme il y avoit une tres-grande
secheresse de sciences ; & que les Prêtres
& les Moines faisoient autant la guerre
aux Livres, que les Goths la leur avoient
faite. Je ne rapporteray point les causes
de cette ignorance, ny tous les exemples
qui peuvent faire connoistre jusqu'à quel
dégré elle monta. Ceux qui voudront l'apprendre n'ont qu'à lire le traitté que
Loüis Vives en a fait ; & ce que Melancton, & Erasme en ont écrit. Je me contenteray de dire qu'elle estoit si grande
qu'on vit alors en Allemagne un Prêtre
qui baptisa. *In nomine Patria, Filia, &*
spiritus sancta. Ce qui mit fort en peine
les Docteurs de ce temps-là, qui ne sca-
voient resoudre si ce Baptesme estoit bon ;
de sorte qu'il fallut avoir recours au Pape
Zacharie, qui fut pour l'affirmative ; parce qu'il ne considera que la bonne inten-
tion du Prestre. Erasme rapporte aussi que
David Burgundus Evesque d'Vtrect ayant
examiné trois cens Curez de son Diocese,
il n'en trouva que trois dignes de l'estre ;
& renvoya les autres comme de vrays

afnes qui ne fcavoient pas feulement lire
ny écrire. Et ce fuft ce qui donna lieu alors
ce Proverbe *Monacho in doctior*, plus ignorant qu'un Moine. Je n'aurois fait de
long-temps fi je voulois rapporter tout
ce que l'Hiftoire raconte de l'ignorance
des Prêtres & des Moines de ce temps-là,
qui ne faifoient autre chofe que de man-
ger, & de dormir. On peut le voir dans les
Auteurs que j'ay citez, afin de m'épargner la peine de le dire.

Ainfi je continueray le fil de mon difcours; en difant que nous devons dans un
temps où le monde eftoit fi ignorant,
chercher plutoft des deftructions que des
compofitions de Bibliotheques. Et de fait
nous lifons que quelques Prêtres ayant
fuccedé aux Moines d'une certaine Abbaye d'Allemagne, dont le nom m'eft é-
chappé de la memoire, ils mangerent &
confômerent tout le revenu de l'Abbaye,
fans épargner la Bibliotheque, qu'ils diffi-
perent entierement; encore que ce fût une
des plus belles du monde. Neanmoins
comme il n'y a point de regle fi generale
qui n'ait fon exception, nous voyons auffi
que les tenebres de l'ignorance n'eftoient
pas alors fi generalement répandues par
toute l'Europe, qu'il n'y en eût quelque
coin excepté. C'eftoit la Grece, où les

Sçiences s'eſtoient refugiées ſous l'Empire de Conſtantin Porphyrogenite, qu'on
appella de la ſorte;parce que quand il na-
quit il fût receu dans de la pourpre. Ce
grand Prince aima & cultva beaucoup les
Muſes. Et ſes ſujets n'en firent pas moins,
pour ſe conformer ſur ſon exemple ; car
tout le móde ſçait que *Regis ad exemplum
totus componitur orbis.* Cela fut cauſe
que la Grece ſe vit alors toute pleine de
Sçavans ; grace à l'inclination dominan-
te de cet Empereur, qui pour ſatisfaire
à la paſſion qu'il avoit pour l'accroiſſe-
ment des Sçiences, fit chercher des
Livres dans toutes les parties du monde;
& en compoſa une grande Bibliotheque,
qu'il rendit publique. Sa coûtume étoit
de faire des lieux communs de tout ce
qu'il trouvoit de plus beau dans les Auteurs, & de les rediger par titres & par
Chapitres. Il fit auſſi une choſe fort u-
tile, par le moyen de laquelle on pouvoit ſur le champ apporter des exemples
de chaque ſujet que ce fut qui tombât
en diſpute. C'eſtoit un Catalogue où il
y avoit cinquante trois claſſes, dans
chacune deſquelles il mettoit enſemble
tous les Auteurs qui traittoient de méme matiere; avec un petit precis de l'ordre & des penſées de l'Auteur ſur le

ſujet dont il traitte.

Mais cet illuſtre Empereur ne fut pas le ſeul qui dans ce temps ſi contraire aux Sçiences les cultiva & les fit fleurir. Nous avons encore l'Empereur Charles quatriéme, l'illuſtre Auteur de la Bulle d'or, & l'onziéme Roy de Boheme. Ce grand Prince inſtitua dans la Ville de Prague une floriſſante Academie, avec une tres-belle Bibliotheque, que les Huſſites détruiſirent, à cauſe du meurtre de quelques-uns des leurs que le Senat avoit commandé de faire. On rapporte que cet Empereur eſtant un jour entré dans cette celebre Academie, & ayant entendu pendant plus de quatre heures l'entretien de quelques Docteurs fort habiles, ſes Courtiſans, à qui il ennuyoit beaucoup, luy dirent pluſieurs fois que l'on avoit ſervi ſur table, & qu'il eſtoit temps de dîner : oüy bien pour moy, repondit ce Prince, mais non pas pour vous ; parce que mon dîner eſt ce que j'écoute.

Il y avoit en ce témps là dans la Ville de Hambourg une tres-belle Bibliotheque, qui y fut erigée par un nommé Anſgarius : Mais elle fut brûlée du temps de Lothaire & de Loüis le ſimple. Il y en avoit auſſi une à Kempen, qui fut pareillement toute conſumée par le feu ;

Mais je ne sçay pas bien en quel temps
ce mal-heur arriva. La Bibliotheque
qui estoit dans l'Eglise Cathedrale de
Hainauld eut un destin plus favorable:
Car encore que l'Eglise fût toute en feu,
neanmoins la Bibliotheque, qui n'en e-
stoit pas loin, fut miraculeusement re-
seruée, ce qui arriva dans l'onziéme Siecle.
Nous lisons qu'environ ce temps-là il y
avoit dans la Ville d'Aufbourg une grande Bibliotheque, que Vernherus augmenta beaucoup, Hermannus Contractus,
& Rugger Abbez de Fuld en firent autant de la Bibliotheque de ce lieu. Les
Centuriateurs de Magdebourg font encore mention de quelques autres Bibliotheques ; Mais on peut les voir dans
leurs Centuries, pour m'épargner la
peine de citer des choses qui ne font pas
assez singulieres pour cela. Cependant
aprés avoir fait un dénombrement de
toutes les Bibliotheques du temps où
l'ignorance regnoit souverainnement,
ce qui a duré pendant plusieurs Siecles,
il est croyable que nous allons
voir un autre temps, où nous trou-
verons des Bibliotheques tres-confide-
rables, parce que les Sciences y furent
mieux cultivées.

Des Bibliotheques qui ont esté depuis les Siecles Barbares.

CE fut lors qu'elles furent contraintes de quitter la Grece, aprés que les Turcs eurent pris la ville de Constantinople. On vit alors un grand changement dans la Republique des Lettres ; parce que la Grece, qui avoit esté si long-temps sçavante, devint barbare & ignorante, si tost qu'elle fut sous la domination Ottomane. Au contraire, comme la corruption de l'un est toûjours la generation de l'autre, les autres parties de l'Europe commencerent à se signaler par les Sciences & les Arts, aprés avoir si long-temps croupi dans une ignorance crasse & brutale. Ce fut pourquoy aussi dans ce temps là mesme beaucoup de Grecs sçavans se refugierent en Italie, en Allemagne, & en France ; ou ils furent tres-bien receus, & où ils enseignerent avec succez. On y vit un Theodore Gaza, un Emanuel Chrysoloras, un George Trapesonce, un Lascaris, un Bessarion, un Jean Argyropile, que Cosme de Medicis fit Precepteur de son fils Laurens, & plusieurs autres, dont les noms ne sont pas presens

fens à ma memoire; fous lefquels affeu-
rement l'Europe Occidentale fit un tres-
grand progrez dans les Sciences. Ce qui
fit dire à Argygropile, quand il eut entendu le docte Reuchpin Capnion, *Gra-
cia noftro exilio tranfvolavit Alpes.* La
raifon de cela eft qu'outre une grande
quantité de bons Livres qu'ils nous ap-
porterent, ils nous donnerent auffi une
entiere connoiffance de la langue Grecque, par le moyen de laquelle nous a-
vons appris beaucoup de chofes fort ex-
cellentes en toutes fortes de Sciences.
Ainfi puifque ce temps là fut fi favorable aux Mufes, il eft croyable qu'on y
compofa des Livres, & qu'on y erigea
des Bibliotheques en grande quantité.
Nous en commencerons le dénombrement par celles des Princes, puis qu'auf-
fi-bien leur inclination genereufe eft la
principale caufe du progrez des Sciences dans les Etats bien policez; de forte
que fi le monde, au temps duquel nous
fommes parvenus, devint alors beaucoup plus éclairé qu'il n'eftoit, on doit
croire qu'il en eut la plus grande obliga-
tion à l'humeur des Princes qui gouuer-
noient, & qui tiroient plus de gloire
d'eftre fçavans que de porter le Scep-
tre.

D

Le premier que je trouve en ce temps-
là avoir esté par la passion des Sciences porté à instituer des Academies
& à eriger des Bibliotheques, fut l'Empereur Frederic second, qui estoit fort
sçavant. Ce Prince fonda une tresbel-
le Academie dans Naples, & l'accom-
pagna d'une grande Bibliotheque, sans
parler des autres qu'il avoit érigées autre part. Mais son travail & sa passion
ne s'arrétoient pas seulement à amasser
des Livres. Il en faisoit aussi composer
par des hommes sçavans, qui estoient
ses pensionnaires; & sur tout il fit traduire en latin les meilleurs Auteurs Grecs
Arabes, & Hebreux; de sorte que par
son moyen on eut d'Aristote, d'Avicenne, de Ptolomée, & de plusieurs autres
Auteurs celebres, qu'on n'avoit pas
tous entiers, des lumieres qui servirent
beaucoup à perfectionner la Physique, la
Medecine, & les Mathematiques. Cus-
pinian en la vie de cet Empereur rapporte que Stabius trouva quelque temps
aprés la version que ce Prince avoit
fait faire en latin du Livre que S. Gré-
goire de Nisse a composé de la nature de
l'homme.

Le second fut Nicolas cinquiéme
Pape qui en passion pour les Sciences

en liberalité envers les Sçavans n'eut jamais son pareil. Il n'y en a jamais eu aussi à qui on ait dedié tant de Livres qu'à luy. Il payoit de grosses pensions, aux uns pour enseigner publiquement, aux autres pour composer des Livres, à quelques-uns pour en traduire : De sorte qu'on peut dire que les Sçiences, qui pendant près de six cens ans avoient esté comme ensevelies dans les tenebres de l'ignorance, reflusciterent sous son Pontificat, & y recouvrerent leur ancienne beauté. Il envoya des hommes sçavans par toute l'Europe, pour chercher soigneusement les Ouvrages, qui estoient échappez à la barbarie des Gots, & à la negligence des Moines; & qui estoient cachez dans des greniers & dans des caves, où les rats & la vermine en faisoient leur curée. Il fit venir de Grece tous les Livres de Droit, & les fit traduire en latin. Il promit cinq mille écus à celüy qui luy apporteroit l'Evangile de S. Mathieu en langue Hebraique. Enfin jamais Pape ny Prince n'a tant dépencé pour faire fleurir les Sçiences, dont toute l'Europe luy est fort redevable. Ce fut luy qui jetta les fondemens de la Bibliotheque Vaticane. Quelques-uns en attribuent la gloire à

D ij.

Sixte cinquiéme: Et d'autres difent qu'e[lle]
le eftoit commencée dés l'Année de Gr[a]-
ce 189. Quoy qu'il en foit, il eft certai[n]
que Nicolas cinquiéme en compofa [u]-
ne, où il y avoit d'abord plus de f[ix]
mille volumes, & des meilleurs. Il [y]
avoit entre autres Polvbe, & Diodor[e]
Sicilien, de la publication defquels no[us]
luy fommes obligez. Son hiftoire d[it]
qu'il fit traduire le premier par Nicol[as]
Perrot, & le fecond par Poge Florenti[n]
Cependaut cette Bibliotheque fi bie[n]
commencée fut prefque toute diffipée p[ar]
Calixte troifiéme, fucceffeur de ce N[i]-
colas. Mais elle fut reparée 1° par Si[x]-
te quatriéme, 2° par Clement feptiém[e]
3° par Leon dixiéme, 4° par Martin ci[n]-
quiéme, 5° par Sixte cinquiéme, lefqu[els]
Papes l'augmenterent, & l'enrichire[nt]
beaucoup. Elle fut prefque toute détru[i]-
te par l'armée de Charles quint, commandée par le Connétable Charles [de]
Bourbon, & par Philbert d'Orang[e]
quand ils prirent & faccagerent la Ville [de]
Rome, avant le Pontificat de Sixte ci[n]-
quiéme· Mais ce Pape, qui eftoit fo[rt]
zelé pour les Sciences, & qui luy mém[e]
eftoit tres fcavant, la rétablit non feul[e]-
ment en fon entier, mais auffi l'augme[n]-
ta de beaucoup de Livres, & d'exc[ellens]

sans manuscripts ; de sorte que l'on y
vit toutes sortes d'Ouvrages , & sans
nombre. Elle ne fut pas d'abord au Vatican, lorsque Nicolas cinquiéme la commença ; Mais elle y fut transportée par
Sixte quatriéme. En suite de cela Clement cinquiéme la transporta en Avi-
gnon avec le S. Siege ; D'où Martin cinquiéme la fit rapporter au Vatican , où
elle a toûjours demeuré depuis. Tout le
monde sçait qu'elle doit la plus grande
partie de ce qu'elle est maintenant à la
Bibliotheque Palatine, du débris de laquelle elle fut beaucoup augmentée , a-
prés la prise d'Hildelberg en 1622. par l'armée imperiale commandée par le Comte
de Tilli. Neanmoins quelques uns croient
avec assez de raison que Paul cinquiéme, qui estoit Pape alors , n'en eut que
tres-peu de volumes , & méme qu'il n'en
eut pas des meilleurs, qui avoient déjà
esté pillez par diverses personnes, particulierement par le Duc de Baviere , qui
en prit la meilleure partie. Quoy qu'il
en soit cette Bibliotheque (que Baronius compare au filet , qui assemble &
prend indifferemment les bons poissons
avec les mauvais) est divisée en trois
parties , dont la premiere est publique,
& dans laquelle on peut travailler deux

D iij

heures à certains jours. La seconde e[st]
plus cachée; & la troisiéme l'est entiere[-]
ment. Mais parce qu'elle a toûjour[s]
contenu des Livres plus rares que le[s]
deux autres, la plûpart des Papes e[n]
ont si bien accomodé leurs familles[,]
qu'elle est maintenant presque tout[e]
épuisée. Nous avons une lettre de Mu[-]
ret à Turnebe, dans laquelle il luy man[-]
de qu'il a esté deux ans sans pouvoi[r]
entrer dans ce Sanctuaire de la Biblio[-]
theque Vaticane; mais qu'à la fin ayan[t]
obtenu la permission d'y entrer, il [y]
avoit trouvé un volume fort ancien de[s]
Philippiques de Ciceron, qui parroi[s-]
soit avoir esté écrit il y avoit plus de sep[t]
cens ans, sans ponctuation, & sans ab[-]
breviation aucune, mais dont toutes le[s]
lettres estoient grandes, égales; & pou[r]
tout dire qui estoit tout-à-fait sembla[-]
ble au Terence de Bembe, aux Epistre[s]
de Ciceron, que Pierre Victor a mise[s]
le premier en lumiere, & aux Pande[-]
ctes, qui furent trouvées dans la Ville
de Melphi, lorsque Frederic second e[n]
chassa les Normands. On voit dans cet[-]
te Bibliotheque une tres-grande quanti[-]
té d'Ouvrages fort rares & fort anciens.
On y voit entre autres deux Virgiles
écrits il y a plus de mille ans sur des peau[x]

de parchemin ; & un Terence de méme
nature, qui fut décrit du temps d'Alexandre Severe, & par ses ordres ; & qui
aprés avoir appartenu au Cardinal Bem-
bo, & à Fulvie Ursin fut mis enfin dans
cette celebre Bibliotheque. On y voit
aussi les Actes des Apostres décrits en
lettres d'or. Ce Livre estoit tout couvert
& enrichy d'or & de pierres precieuses,
quand une Reine de Cypre le donna à
Innocent VIII. : Mais le tout fut pillé
par les soldats de Charles quint, quand
ils prirent la Ville de Rome. J'entends
l'or & les pierreries : Car je croy qu'ils
ne se soncioient pas beaucoup du Livre.
On y voyoit aussi une Bible Grecque fort
ancienne. Les Epigrammes de Petrarque écrits de sa propre main. Les Ouvrages de S. Thomas mis en Grec par
un certain Demetrius Cydonius Thessa-
lonicien. Un exemplaire du Volume
que les Perses ont fait des fables de Loc-
man, que Monsieur Huet prouve admirablement bien dans son Origine des
Romans avoir esté la méme chose qu'E-
sope, que ces nations se sont atiribué. Les
premiers Livres qui ont paru des Ouvrages de Tacite, qui estoient demeurez cachez jusques au temps de Leon X, par
la liberalité duquel ils virent le jour. En-

D iiiij,

core que l'Empereur Tacite eût fait
toutes sortes d'efforts pour empécher
que cet Auteur, du sang duquel il se
disoit, ne demeurât dans l'obscurité.
Car il commanda qu'il fut mis dans toutes les Bibliotheques ; & de peur qu'il
ne perît par la negligence des Lecteurs,
il voulut qu'on en fît tous les ans dix
Copies, que l'on mettroit dans les Bibliotheques. Mais tant de précaution n'a pas
empêché que cet illustre Ouvrage n'ait
esté long temps caché comme beaucoup
d'autres. Enfin la Bibliotheque Vaticane contient une tres-grande quantité
d'excel'ens Livres, & plus de dix mille
manuscripts, dont on peut voir le Catalogue dans le Livre qu'Angelus de Rhoca
en a fait. Quelques uns neanmoins asseurent qu'il y a tres-peu de Livres imprimez, & méme qu'elle n'en a presque
point de nouveaux. Et c'est tout ce que
j'en puis dire. Ainsi je passe à celle qui
fut composée dans Florence par le grand
Cosme de Medicis, que je mets le troisiéme dans le rang des Princes, à qui les
Muses doivent leur rêtablissement dans
l'Europe Occidentale.

Ce genereux Prince, qui pour cet effet fut appellé le Pere des Muses, ainsi que

de la Patrie, fit venir de Constantinople à Florence Argyropile, Chrysoloras, & plusieurs autres Personnages des
plus sçavans de la Grece, ausquels il
donnoit de grosses pensions pour enseigner dans son pais. Il erigea, comme j'ay
dit, la Bibliotheque de Florence, ou pour
mieux dire il la commença: Et Laurens son
petit fils, mais tres digne fils d'un Pere
si sage & si genereux, l'augmenta de telle
sorte qn'elle a passé pour une des plus
accomplies Bibliotheques du monde. En
effet elle estoit composée de ce que
Jean Lascaris (qui estoit de famille Imperiale, & que Laurens de Medicis envoya pour cela en ambassade vers Baza-
zet second, avoir pu trouver d'ouvrages
manuscrits sur toutes sortes de matieres
dans toutes les Bibliotheques de la Grece. L'histoire adjoûte que ce Prince en
fit apporter à grands frais la statue de
Platon, que l'on trouva sous des rui-
nes, au même lieu où son Academie e-
stoit. Elle dit aussi qu'il faisoit tout son
bonheur de sa Bibliotheque, & qu'il la
preferoit à toutes les richesses du monde:
Ce qu'il témoigna plusieurs fois à Pic
de la Mirande, & à Angelus Politianus,
dont les discours ne contribuerent pas peu

à l'entretenir dans une paſſion ſi noble
& ſi loüable. Ce dernier reconnoiſt qu'il
eſt beaucoup redevable à la lecture de
quantité de Livres contenus dans cette
Bibliotheque. Au reſte c'eſt d'elle qu'on
a veu parroiſtre les premieres editions
du Livre qu'Euſebe de Ceſarée fit contre
Hierocle, & des tapiſſeries de S. Clement Alexandrin. Elle fut preſque toute diſſipée, lorſque Pierre & Jean de
Medicis furent chaſſés de Florence.
Mais Pierre Strozzi la receüillir, & la
fit tranſporter à Paris, pour la donner à
Catherine de Medicis, qui la joignit à la
Bibliotheque de France. Ceux de la
famille en ont depuis leur rétabliſſement
dans Florence compoſé un autre, qui
n'eſt pas moins belle ny moins curieuſe.
Car elle contient une grande quantité de
Livres Hebreux, Arabes, Grecs, & Latins, la plùpart manuſcripts. Un Auteur
rapporte que Laurens de Medicis donna pour deviſe à ſa Bibliotheque un liege
avec une lampe, & pluſieurs Livres au
deſſous, en partie ouverts, & en partie
fermez, avec cet Epigraphe, *labor abſq e*
labore, pour ſignifier par là que l'étude
donne plus de plaiſir que de peine. Cette Bibliotheque a toûjours eſté dirigée
par de tres-habiles Bibliothequaires ;

Le dernier defquels, c'eft à dire M. Ma-
glia Bichi, qui en a le foin maintenant,
eft un des plus fcavans & des plus hon-
neftes hommes du monde, qui entretient
commerce avec tout ce qu'il y a d'hon-
neftes gens, & leur fait part de tout ce
qui fe fait à Florence.

Le quatriéme prince qui contribua fort
à la reparation des fciences, & qui pour
cet effet erigea une grande Bibliotheque,
fut Jean Galeaz Duc de Milan, qui fucce-
dant aux belles inclinations de fon Pere,
ainfi qu'à fes Etats, faifoit beaucoup de
dépence, pour entretenir un grand nombre de Profeffeurs en toutes fortes de
Sciences & d'Arts, pour l'inftruction de
la jeuneffe, dans le College que fon Pere
avoit fait bâtir à Pavie. J'avouë que je
me fuis trompé, lorfque j'ay dit que ce
Prince erigea une Bibliotheque : Car il ne
fit qu'augmenter celle que fon Pere avoit
déjà dreffée. Mais à dire le vray il l'augmenta tellement, & y mit des Livres fi
rares & fi bons qu'on pourroit avec juftice luy en donner autant de gloire que
s'il l'avoit luy-méme commencée. C fut
en partie par fon inclination qu'il entreprit ce travail, en partie par la perfuafion
de François Petrarque, pour qui il avoit
un eftime & une affection toute particuliere.

Le cinquiéme Restaurateur des Muses
parmy les grands fut Alphonce Roy d'Arragon & de Sicile, qui sans contredit
a esté un des plus passionnez hommes du
monde pour l'erection d'une Bibliotheque. Il en fit une aussi, où il n'oublia
rien de tout ce qu'il faloit pour la rendre
accomplie. Pierre le Chevelu, vulgaire-
ment dit *Petrus Crinitus*, au Livre qu'il a
fait, *de honesta disciplina*, rapporte que Cosme de Medicis luy fit present des deca-
des de Tite Live, encore qu'il fût son
ennemi ; tant il est vray que l'amour des
sciences est plus capable de porter les esprits à la reconciliation & au bien qu'à la
guerre & au mal : Et il adjoûte que comme Alphonce alloit pour lire ces deca-
des, il en fut empeché par ses Medecins
qui luy remontrerent qu'il ne falloit pas
si legerement se fier aux presens d'un ennemi qui pouvoit les avoir empoisonnez,
& qu'il y avoit lieu de craindre que ce livre ne le fût : Mais que ce prince leur re-
pliqua de cette sorte, en continuant son
entreprise. Ignorans que vous estes, ne
sçavez-vous pas que la vie des Rois est
sous la protection de Dieu. On rapporte aussi que ceux de Padouë luy firent
present d'un bras de Tite Live, comme
d'une chose fort exquise : & que ce fut

à la persuasion d'Antoine Pecatel, natif de Palerme, son Ambassadeur. Gassendi adjoûte, *in vita Peireschij,* qu'un nommé Jean Vincent de la Porte écrivit à feu M. du Peirescq, que cet Antoine n'avoit pas eu l'honneur d'enfermer ce bras dans un lieu digne de celuy à qui il avoit autrefois appartenu; mais qu'il auoit été éseveli sous du marbre, par celuy qui avoit succedé au Palermitain en la charge de Secretaire d'Etat, & que ce marbre étoit prés d'une Chappelle avec une inscription de cette sorte. *Titi Livij historici brachium, quod Antonius Panormita à Patavinis impetraverat. Io. Iovinianus Pontanus multos post annos condidit.* Il dit aussi qu'on ne voit plus ce marbre, parce que certains Moines l'ont couvert d'une Chappelle, qu'ils ont fait bâtir dessus. On rapporte encore que quand cet Alphonce voulut faire bâtir la Forteresse de Naples, il se fit apporter Vitruve, afin de le consulter; mais parce qu'il le vit sans couverture & sans ornement, il n'est pas juste, dit il, que celuy qui nous enseigne si doctement à nous bien couvrir par le moyen des maisons, soit luy même découvert; & en même temps il ordonna que ce Livre fût relié & couvert comme il le meritoit.

Le sixiéme que nous trouvons parmy les Princes de ce temps-la avoir esté beaucoup porté à la lecture & à l'amas des Livres, fut Robert Roy de Naples & de Sicile. Il en estoit si passionné qu'il les préferoit à sa couronne ; aimant mieux, à ce qu'il disoit, s'il estoit forcé de choisir, estre privé de son Royaume que de ses Livres. Un Prince qui parle de la sorte merite cent couronnes, plûtost que de perdre la sienne. Et il faut avoüer que les peuples qui ont de tels Rois sont fort heureux. Mais il y en a peu ; parce que l'ordinaire des bonnes choses est d'estre rares. Cependant pour revenir à sa Bibliotheque, j'y trouve cela de tres-remarquable, qu'il y mit les œuvres de quatre vingt Poëtes Provenceaux presque tous de qualité : Tant il est vray que ce genre d'écrire a esté autrefois commun dans cette Province.

Le septiéme Prince amoureux des Livres & des Sciences fut Mathias Corvin Roy de Hongrie, fils de Jean Hunniades, la terreur des Turcs. Ce grand Prince aussi illustre en paix qu'en guerre, c'est à dire egalement sçavant & Capitaine composa dans Bude une Bibliotheque de plus de cinquante mille volumes, tant imprimez que manuscripts, qu'il amassa de

tous coftez, avec un foin & une dépence incroyable. Et pour faire voir jufques
où cette dépence alla, c'eft que quand,
cette Bibliotheque fut au pouvoir de So-
liman, aprés qu'en 1526, la Ville de Bude eût efté prife par fon armée, le Cardinal Bozmannus offrit pour recouvrer ces
Livres deux cens mille écus de monnoie imperiale, mais ce fut en vain.
Neanmoins nous lifons qu'en 1666 le
grand Turc permit à l'Ambaffadeur de
l'Empereur de remporter tout ce qu'il
trouveroit des Livres de cette Bibliotheque dans toute l'eftenduë de fes Etats ;
ce qui fut exceguté. Un Auteur rapporte qu'on tira d'elle quelques fragmens
de Polybe & de Diodore Sicilien, qui furent alors mis en lumiere.

Le huittiéme Prince fut Jean Pic de la
Mirande, avec François fon Fils, le profond fçavoir defquels eft fi connu de
tous ceux qui ont étudié, que je ne m'a-
muferay point à en faire l'eloge. Il fuffit de
dire que Jean emploia plus de fept mille écus d'or pour faire fa Bibliotheque,
qui vray-femblablement devoit eftre
compofée d'excellens ouurages, fi l'on
a égard à la grandeur de cette dépence,
& plus encore à la capacité de celuy qui
compofoit la Bibliotheque.

Le neuviéme Prince eſt Frederic Feltre
Duc d'Urbin, dont le ſçavoir parut aſſez dans le docte entretien qu'il eut avec
le Pape Pie ſecond, touchant les armes
des anciens, & la guerre de Troie. Ce
Prince dreſſa une Bibliotheque, qui au
jugement de tout le monde a eſté une des
plus conſiderables qu'on ait jamais veuës.
Son fils Guido l'augmenta, & l'enrichit
beaucoup, ſelon le ra‚port de Polydore
Virgile. François Marie petit fils de Frederic perdit cette Bibliotheque, quand
il fut dépoüillé de ſes Etats par Leon dixiéme : Mais il ſe la fit rendre, lors qu'il
eut pris les armes, & eut fait quelques
courſes ſur les terres de ce Pape : Ce qui
arriva en 1517, ſelon le rapport de Guichardin. On dit qu'elle contenoit plus de
15000 volumes ; & qu'Alexandre ſeptié-
me la fit tranſporter à Rome.

Le dixiéme fut le Cardinal Beſſarion,
Grec de nation, & Patriarche de Conſtantinople. Ce Prelat voulant conſer-
ver le Grec parmy lés Latins, dreſſa dans
Veniſe une Bibliotheque, toute compoſée de livres Grecs, qui luy coûterent
plus de trente mille écus d'or.

Enfin le Onzieſce & le dernier fut
François I. Roy de France, que nous pouvons avec plus de raiſon appeller le pere

& le restaurateur des Muses que pas un
autre Prince. Je ne m'amuseray point a
raconter par le menu tout ce qu'il fit
pour l'augmentation des sciences & des
arts dans son Royaume. Il me faudroit
trop de temps, & plus d'eloquence que
je n'ay pour l'exprimer dignement. Je
diray seulement que jamais il n'y eut de
Mecenas si liberal envers les scavans,
jamais Monarque pius passionné pour la
doctrine. Il entretenoit une grande quantité de Professeurs Grecs & Hebreux. Il
conversoit incessamment avec les doctes,
& s'instruisoit par ce moyen de tout ce
qu'il y avoit de plus beau dans toutes
sortes de sciences. Mais ceux dont il se
servit le plus pour cela, furent Jacques
Colin, qui estoit un des plus scavans
hommes de son temps, Pierre du Chastel
Evesque d'Orleans, & sur tout Guillaume
Budée, si renommé pour son scavoir &
ses Ouvrages, particulierement pour son
Livre *de Asse*, où il a fait voir tant d'eru-
dition, qu'il luy a attiré l'envie d'Erasme.
Ce genereux Prince poussé d'une si noble
passion, & secondé des soins de tant
d'hommes scavans qu'il entretenoit auprés de luy, dressa dans Fontainebleau
une des plus amples & des plus belles
Bibliotheques du monde. On peut dire

auſſi que pour la remplir il avoit preſque épuiſé l'Orient de livres & de manuſcrits, qu'il avoit fait chercher dans tous ces Païs-là par le moyen de Guillaume Poſtel, qui fut un des plus ſcavans hommes de ſon temps, mais un des plus extra-vagans, à cauſe de quelques opinions chimeriques qu'il eut ſur le ſujet de la Religion. Il eſt vray que quelques Au-teurs aſſeurent que cette fameuſe Biblio-theque avoit déja eſté commencée en ce meſme lieu par Charles V. dit le ſage, Roy de France ; & que de-là elle fut tranſ-portée au Louvre, où Loüis XI. l'embellit & l'augmenta beaucoup, par les ſoins de Robert Guaguin, General des Mathurins, & Hiſtoriographe de France. On voit encore une Lettre de ce Roy, dattée du 29. Novembre 1471. & écrite à la Fa-culté de Medecine de Paris par le Preſi-dent de la Drieſche, pour avoir Raſis qui eſtoit dans la Bibliotheque de cette Faculté, & en tirer copie, afin d'en aug-menter la Bibliotheque Royale. Ce qui fut fait moyennant la vaiſſelle d'argent que ce Preſident donna pour caution de ce Livre. Ce Raſis eſtoit un celebre Me-decin Arabe, qui floriſſoit en l'an de grace 1175. & qui a fait en langue Syriaque un docte Traitté de la peſte, & des moyens

de la guérir ; lequel Traitté a esté traduit
en Grec par Trallian, & depuis traduit
de Grec en François par Sebastien Colin,
Medecin de Fontenay le Comte. Mais je
reviens à nostre Bibliotheque, qui fut
tellement augmentée par la diligence & la
liberalité de Loüis XI. que Loüis XII.
l'ayant fait depuis transporter à Blois,
pour servir d'ornement au lieu où il avoit
pris naissance, un certain Ambassadeur
nommé Bologninus, a qui on la fit voir,
la jugea digne d'estre rangée la premiere
dans le Livre qu'il a fait des quatre plus
remarquables singularitez qu'il avoit
trouuées en France. Ce Livre est imprimé
avec celuy de Symphorien Champier, *de*
triplici Philosophia ? Mais si cet Ambassadeur trouvoit alors cette Bibliotheque si
celebre, que n'en eût-il point dit s'il l'eût
veuë dans l'estat où j'ay dit que François
I. l'a mise ? & que n'en diroit-il point
maintenant, s'il la voyoit en l'estat où elle
est par les soins de Monsieur Colbert,
soubs la garde de qui elle est ; & qui suivant en cela les nobles inclinations de
son Maistre, le plus grand Monarque du
monde, n'oublie rien de tout ce qui est
necessaire pour la perfectionner. Voila
tous les Princes qui ont reparé les sciences, & dressé pour cela des Bibliotheques considerables.

On leur peut adjoûter la Bibliotheque
des Palatins du Rhin, qui fut comme
j'ay déja dit, pillée par l'Armée du Comte
de Tilli, quand il prit la Ville de Hildelberg. Cette Bibliotheque estoit une des
plus grandes qui ayent jamais esté; & c'est
de quoy il ne faut pas s'étonner ; puisqu'elle fut composée de toutes les Bibliotheques des Eglises & des Monasteres de la
Province: car comme tout le monde sçait,
les Calvinistes & les Lutheriens ont
dépoüillé de toutes choses les Prebstres
& les Moines par tout où ils se sont rendus les Maistres. Nous lisons que Rodol-
phe Agricola fut cause par ses conseils
que Dalburgius, Evesque de Vormes, &
Chancelier du Palatinat, commença cette
Bibliotheque. Mais le commencement en
fut si grand, qu'elle pouvoit déja passer
pour une Bibliotheque parfaite ; ayant
esté composée non seulement de tous les
Livres d'un certain Monastere, qui estoit
en reputation d'en avoir beaucoup plus
que tous les autres, mais aussi de quantité
d'autres Livres, qui furent recherchez
par les soins & la liberalité de ce Prelat,
qui y mit aussi un Quintilien décrit de sa
propre main. Les Electeurs Palatins, en
la puissance desquels elle est tombée, l'ont
tellement augmentée depuis, qu'elle a

passé pour une des plus amples & des plus belles du monde. C’est pourquoy Joseph Scaliger la prefere à celle du Vatican dans son Epitre 434. Il est vray qu’elle contenoit un grand nombre de manuscrits Hebreux, Grecs, & Latins, tous rares & tous bons : mais entres autres il y en avoit un Hebreu de la Bible, écrit sur du parchemin, qui pour la beauté de ses lettres & l’antiquité de son caractere, estoit digne d’admiration & de respect. Aussi lisons nous que Frederic III. Electeur Palatin, ayant permis à quelques Juifs de le considerer, ils en furent si touchez qu’ils se prosternerent pour le baiser & l’adorer, comme un Ouvrage descendu du Ciel ; & promirent tout ce qu’on voudroit d’argent, si l’on vouloit en permettre l’usage à leur Synagogue.

Nous adjoûterons encore à cette Bibliotheque celle qu’Othon Henry Palatin du Rhin composa dans le College de sagesse. Elle merite bien tenir son rang avec les precedentes ; puisqu’elle fut remplie des meilleurs Liures du monde, & en tres grande quantité, qui furent assemblez par les soins de plusieurs hômes scavans, que ce Prince avoit par sa liberalite attirez à soy de toutes les parties de l’Europe.

·Cependant apres avoir fait un denom-
brement de toutes les Bibliotheques qui
ont efté conftruittes par les Princes ama-
teurs des fciences & des arts, depuis le
temps de leur rétabliflement jufques à
maintenant, l'ordre voudroit que je fifle
auffi le recit de toutes les autres qui ont
appartenu, & qui appartiennent, foit aux
Communautez , foit à des particuliers,
qui ont efté aflez curieux & aflez puiflans
pour en compofer de confiderables. Mais
outre que je n'en ay connoiflance que
d'une partie, il faut confiderer que la pluf-
part de ces Bibliotheques ne font pas dignes qu'on en parle ; parce qu'elles n'ont
rien de fingulier. Ainfi l'on fe contentera
de celles dont j'ay connoiflance ; & que
je citeray l'une aprés l'autre, fans obferver d'autre ordre que celuy des lieux où
elles font Nous commencerons par celles
d'Italie, à qui nous rendrons cét honneur;
puifque ç'a efté l'endroit du monde où les
Mufes ont reçeu le plus de gloire.

Des Bibliotheques d'Italie.

IL y a dans Venife celle de S. Marc, où
l'on dit qu'eft l'Evangile, que ce Saint
a luy-mefme écrit ; & qui ayant efté long-
temps confervé dans Aquilée, où cet E-

vangelifte planta la foy, en a efté depuis
tranfporté à Venife. Cette Bibliotheque
contient beaucoup de manufcrits. Il y a
celles que le Cardinal Beflarion & Petrarque leguerent à cette Republique. On
dit qu'elles font dans le lieu où l'on bat la
monnoie ; & qu'elles ont fervi à l'augmentation de la Bibliotheque que cette
Republique y a erigée. Quelques particuliers en ont auffi dreflé de confiderables en cette Ville ; fans parler de celles
de quelques Communautez, dont je ne
m'amuferay point a rapporter les noms ;
parce que je ne trouve rien de fingulier
dans leurs Bibliotheques.

Il y a dans Padouë, Ville fameufe par
fon Univerfité fi celebre, & pa tant d'illuftres perfonnages qu'elle a produits, la
Bibliotheque de Ste. Juftine, celle de S.
Antoine, celle de S. Jean, où Sixte de
Siene dit qu'il a veu l'exemplaire de l'Epitre de S. Paul à ceux de Laodicée, & qu'il
l'a décrivit. Il y avoit il n'y a pas long-
temps celle de l'illuftre Jean Pinelli dont
je diray deux mots, auffi bien que de
fa Bibliotheque. Il s'eftoit établi dans
Padouë comme dans le fejour des Mufes,
& il y mourut en 1601. Il eftoit confommé
dans toutes fortes de fciences, & grandement porté à amafler des livres, encore

plus à les lire, & à en faire son profit; ainsi
qu'il est porté dans un extrait de sa vie,
que feu Monsieur Patin Medecin avoit
entre ses mains. Cependant lorsque les
Venitiens eurent appris qu'aprés la mort
de Pinelli, on transportoit sa Bibliotheque de Padoüe à Naples, ils se servirent
d'adresse pour en avoir les meilleurs manuscrits. Car ils envoierent un de leurs
Magistrats, pour saisir en leur nom ces
bales de livres, qui estoient cent en nombre; entre lesquelles il y en avoit quatorze,
qui contenoient les manuscrits, & plus de
trois cens Commentaires sur toutes les
affaires d'Italie. Ce Magistrat allegua
pour raison de son procedé, qu'encore
qu'on eût permis au Seigneur Pinelli, à
cause de sa qualité, de ses vertus, de son
dessein, & de l'amitié qu'il avoit toûjours
eûe pour la Republique, de connoistre &
de traitter de leurs affaires, il n'estoit pas
neanmoins à propos pour eux que les
pieces, qu'il avoit extraittes de leurs Archives, vinssent à estre divulguées aprés
sa mort : sur quoy les heritiers ayant fait
instance, on retint seulement deux cens
de ses Commentaires, qui furent mis dans
une chambre particuliere avec cette inscription. *Decerpta hæc, imperio Senatus,
ex Bibliotheca Pinelliana.* On dit que Pignorius

...orius a fait celle de l'Vniuerſité de Padoüe, où il y a une grande quantité de
manuſcripts, dont Thomazinus nous a
donné le Catalogue dans ſa Bibliotheque.

Il y a dans Ferrare une Bibliotheque
remplie d'une grande quantité de manuſcripts tres-anciens ; & embellie de beaucoup d'antiquitez fort conſiderables,
comme ſtatues, tableaux, medailles,
monnoies, d'or d'argent, & d'airain : Le
tout preſque aiant eſté aſſemblé par les
ſoins de Petrus Ligorius illuſtre Archi-
tecte, & un des plus doctes hommes de
ſon ſiecle. Mais ce qu'il y a de plus remarquable dans cette Bibliotheque c'eſt
le tombeau de *Cælius Calcagninus*, qui
vivoit en l'an de Grace 1249. Cet illuſtre Ferrarois avoit une ſi forte paſſion
d'amaſſer des Livres, & de les lire, qu'il
emploioit tout ſon temps ; & même ſa
paſſion pour eux alla ſi loin, que comme cet avare, qui voulut eſtre enterré
dans ſon argent, il deſira eſtre inhumé
dans ſa Bibliotheque. L'hiſtoire adjoûte
qu'il la legua au public, qui l'a beaucoup
augmentée, & qui y a fait mettre cette
inſcription en l'honneur de ce Calcagninus. *Cùm Cælius Calcagninus nihil ma-
gis optauerit, quam de omnibus pro fortuna*

cafu, optimè mereri ; decedens B bliothecam
in qua multò maximam ætatis partem egit,
in fuorum civium gratiam publicavit, & i
eâ fecondi mandavit. J'ay leu un Auteu
qui rapporte que cette Bibliotheque e
maintenant dans le Couvent des Jaco
bins de Ferrare, avec cette infcrip io
fur la porte. *Inæx tumuli Cælij Calcagn*
ni, qui ibidem voluit fepuliri, ubi femp
vivit

Il y a dans Bologne trois celebres b
bliotheques. La premiere eft celle du m
naftere de Saint Michel, laquelle eft fo
remplie de Livres & de tableaux. La f
conde eft celle de l'Eglie de Saint La
rens pleine de manufcripts. Et la troif
ane eft celle des Dominiquains, où l'
dit qu'eft le Pentateuque, qui fut co
posé, & écrit par Efdras, aprés la deftr
ction du fecond Temple, felon la croa
ce des Hebreux. François Tiffard en
grammaire hebraique dit qu'il l'a veu pl
fieurs fois ; & qu'il eft écrit en tres-be
caractere, fur une feule peau, mais
eft fort longue. Neanmoins Hotting
prouve par de tres-bonnes raifons que
manufcript ne fut jamais d'Efdras

Il y a dans Naples la Bibliotheque des
tes Dominicains, où font les Ouvrag
de Pontan, que fon illuftre fille Eu

elle confacra là comme un monument e-
ternel à la gloire de fon Pere.

Il y a dans Milan la Bibliotheque de S.
Ambroife, qui fut erigée par le Cardinal
Frederic Borromée ; & où l'on dit qu'il
y a plus de dix mille manufcripts, qui
ont efté affemblés par les foins d'Antoine Oggiati. Quelques-uns affeurent qu'elle a efté augmentée de celle de Pinelli.
Elle n'eft pas moins belle que celles
dont nous avons parlé. Car elle contient
plus de quarante fix mille Volumes, &
douze mille manufcripts. Au moins on
y en côptoit autant dés l'année 1645, depuis laquelle elle a efté augmentée. Elle
eft publique ; c'eft à dire on y peut aller
étudier certains jours dela femaine. Il y a
un Bibliothequaire, qui a fous luy un fous
Bibliothequaire, un homme qui donne
les livres qu'on demande, & un valet qui
les nettoie. On y trouve du papier, &
de l'ancre pour écrire ce dont on a befoin. Il y a une fondation pour entretenir fix perfonnes ; Mais on n'y en entretient maintenant que quatre, dont l'un
doit traduire du Grec, l'autre enfeigner
l'Hebreu, le troifiéme l'Arabe, & le dernier eft emploié à ramaffer & mettre par
écrit les chofes les plus confiderables qui
fe trouvent dans les Auteurs. M Septal-

la a aussi une fort belle Bibliotheque, où
l'on compte 7290 Volumes qui sont bien
disposez.

Il y a dans Mantouë celle du Duc, où
l'on voit entre autres choses singulieres
dont elle est remplie, une table d'airain,
toute pleine de chiffres Egyptiens, auec des
figures d'Isis, d'Orisis, d'Orus, d'Anubis,
& d'Apis. Cette table avoit autrefois appartenu au Cardinal Bembe, qui l'acheta d'un marêchal, à qui elle estoit écheuë
au dernier sac de la Ville de Rome, lors
qu'elle fut prise par l'armée de Charles-
quint; & depuis elle est demeurée au pouvoir des Ducs de Mantouë. Elle contient
une grande quantité de figures étranges,
qui cachent mysterieusement le Culte &
la Religion des Egyptiens. Et c'est ce que
le docte Pignorius a tres-bien developpé
dans l'explication qu'il nous a donnée de
cette table, qu'il croit n'avoir esté autre
chose que la table sacrée de quelque
Temple d'Isis à Rome, dans laquelle on
enfermoit les offrandes qu'on faisoit à
cette Deesse.

Il y a encore dans Florence celle du
grand Duc, dont j'ay déja parlé. Mais
j'ay oublié de dire que dans une Chappelle du Palais de ce Prince on conserve
Religieusement l'Evangile que S. Jean

crivit luy méme. Il y a encore dans cette
ville deux autres Bibliotheques, dont
l'une fut dreſſée dans l'Egliſe de S. Laurens par Clement ſeptiême, qui étoit de
la famille des Medicis; & qui eſt remplie
de manuſcripts Hebreux, Grecs, & Latins. L'autre fut erigée par Coſme de Medicis dans l'Egliſe de ſaint Marc, qui appartient aux Jacobins.

Il y en a une dans l'Academie de Piſe
qui fut augmentée de 80000 Volumes
qu'Alde Manuce legua à cette Academie.

Il y a celle du Duc de Savoie, où l'on.
dit que ſont tous les Manuſcripts de Petrus Ligorius, cet illuſtre Ferrarois dont
j'ay déja parlê, & qui a deſſigné toutes
les antiquitez d'Italie.

Il y en a auſſi une belle à Siene, où eſt
le Livre qui contient les actions d'Æneas
Sylvius, qui fut depuis Pie ſecond, avec
les eloges qu'on a donnez à ce Pape.

Il y en a auſſi une tres conſiderable ſur
le Mont Olivet, comme on va de Siene à
Rome.

Dans Gennes celles des Jacobins & des
Minorites ſont tres curieuſes & tres
amples.

Enfin il y a dans Rome celle du Vatican, dont j'ay déja parlé, & dont il y a encore beaucoup de choſes à dire, qu'on ne

fera peuteftre pas faché d'apprédre, parce
qu'elles font affez curieufes. J'ay déja dit
que le fentiment de quelques-uns eftoit
que Sixte cinquiéme avoit commencé
cette Bibliotheque : Mais ils fe trom-
pent. Car l'Auteur, qui a décrit la vie de
ce Pape, affeure qu'il ne fit que l'augmenter, l'enrichir, & la tranfporter d'un lieu
à l'autre. Il eft vray qu'il l'enrichit tellement, & la remplit de tant de liures
qu'on peut en quelque façon la confiderer comme fon ouurage particulier.
Il la fit peindre par dedans & par dehors
par les plus habiles Peintres de fon temps.
Il y fit reprefenter par dehors les Sciences & les Vertus fous des figures emble-
matiques ; & il fit peindre par dedans
premierement tout ce qu'il avoit fait
pendant fa vie ; En fecond lieu tous les
Conciles depuis celuy qui fe tint pour la
premiere fois dans la Ville de Nicée jufques à celuy de Trente, au deffous defquels il fit mettre des infcriptions fort
curieufes, qui toutes contiennent en peu
de mots fous quel Pape, & fous quel
Empereur Chaque Concile s'eft tenu, &
ce qui y a été determiné ; En troifiéme lieu
les plus fameufes Bibliotheques du monde, reprefentées par quelques livres de-
peints ; au deffous de chacune defquelles

y a une inscription, qui fait suivant l'ordre du temps connoître toutes ces Bibliotheques l'une apres l'autre. En quatriéme & dernier lieu il y fit mettre sur huit
Colonnes les portraits de tous ceux qui
ont acquis le plus de reputation dans les
sciences, & s'y sont rendus celebres par
leurs inventions. Sur la premiere desquelles Colonnes Adam est representé avec
cette inscription au dessous. *Adam divi-*
nitùs edoctus primus scientiarum & littera-
rum inventor. Adam divinement inspiré a
esté le premier inventeur des sciences &
des lettres.

Seth est representé sur la seconde Colonne avec ses enfans, au dessous desquels est écrit. *Filij Seth Columnis duabus*
rum Cælestium disciplinam inscribunt. Les
fils de Seth ont écrit sur deux Colonnes
la science des choses Divines. Abraham
est representé ensuite avec ces mots au
dessous. *Abraham Syrias, & Chaldaicas*
litteras invenit. Abraham inventa les lettres Syriaques, & Chaldaiques. On y voit
Moïse aprés avec cette inscriptió, *Moses*
antiquas litteras Hebraicas invenit. Moïse a
inventé les anciénes lettres Hebraiques. Et
puis on voit le grand Prestre Esdras,
scribe du peuple, avec ces termes au dessous. *Esdras novas Hebræorum litteras in-*

venit. Esdras a inventé les nouvelles let-
res de la langue Hebraique.

La troisiéme Colonne contient quatre
figures, dont la premiere est celle de
Mercure Trismegiste, avec ces mots au
dessous. *Mercurius Theologus Ægyptius*
sacras litteras conscripsit. La seconde est
celle d'Hercules Ægyptien, avec cette inscription. *Hercules Ægyptius Phrygias*
litteras conscripsit. La troisiéme est celle de
Memnon avec ces termes. *Memnon, Pho-*
roneo æqualis, litteras Ægyptias inuenit. Et
la quatriéme est celle d'Isis Reine d'E-
gypte, avec cette inscription au dessous.
Isis Regina Ægyptiarum litterarum inuen-
trix.

On voit sur la quatriéme Colonne
1° l'effigie de Phœnix avec ces mots au
dessous. *Phænix litteras Phanicibus tradidit.*
2° celle de Cadmus frere de Phænix, a-
vec cette inscription, *Cadmus, frater Phæ-*
nicis, litteras sexdecim in Græciam intulit;
Lesquelles lettres sont representées au
dessous. On dit que Palamedes en inventa quatre depuis; & qu'ensuite de luy
Simonide en inventa encore quatre autres; ce qui fait en tout le nombre de 24.
Mais Aristote dit, selő le rapport de Pline,
que les anciens Grecs n'avoient que dix-
huit lettres, ausquelles Epicharmus en a-

ûra deux. 3°Celle de Linus Thebain , au
deſſous de laquelle il y a écrit, *Linus The-*
banus Græcarum litterarum inventor. 4°Cel-
de CecropsRoy des Atheniens avec ces
mots au deſſous, *Cecrops primus, Atheni-*
enſium Rex, Græcarum litterarum auctor.

La cinquiéme Colonne contient les I-
mages de Pythagore, d'Epicharmus , de
Simonides , & de Palamedes , avec des
inſcriptions qui font connoiſtre leurs inventions.

Nicoſtrate eſt repreſentée ſur la ſixié-
me , avec ces mots au deſſous, *Nicoſtrata*
Carmenta Latinarum litterarum inventrix.
Et ces lettres y ſont décrittes: A B C D E
I L M N O P R S T V.

On voit ſon fils Evandre aprés elle, avec
ces termes au deſſous, *Evander, Carmen-*
tæ filius, Aborigenes litteras docuit. Puis
Demarathus Corinthien avec cette inſcription. *Hetruſcarum litterarum author.*
Et puis l'Empereur Claude , deſſous lequel il y a écrit. *Claudius Imperator tres*
novas litteras adinvenit. Mais il y a au deſſus un F avec ces mots. *Reliquæ duæ oblit-*
teratæ ſunt. Neanmoins il eſt fait mention de la lettre F , dans Ciceron, qui vivoit avant l'EmpereurClaude: C'eſt pourquoy je ne ſçay ſi l'on le doit croire inventeur de cétte lettre

E v

La septiéme Colonne contient la figure de S. Jean Chrysostome, avec ces mots au deſſous, *Litterarũ Armeniacarũ inuẽtor.* Puis celle de S. Hierome avec cette inſcription, *litterarũ Illyricarũ inventor.* Et enſuite celle d'Vlphias, Evéque ſous laquelle on dit, *Gothorum litteras adinvenit.*

Enfin on voit ſur la huittiéme Colonne l'Image ſacrée de JESUS-CHRIST, avec ces paroles au deſſous, *Ieſus-Chriſtus magiſter Celeſtis doctrine auctor.* On y voit aprés l'effigie du Pape, avec ces mots *Chriſti Vicarius.* Et puis celle de l'Empereur, ſous laquelle il y a écrit *Eccleſiæ defenſor.*

On voit encore dans cette bibliotheque deux belles tables de marbre, ſur leſquelles il y a des inſcriptions en lettres d'or, dont l'une deffend à tout le monde d'emporter ny de déchirer aucun livre de la Bibliotheque, ſur peine d'anatheme, qui ne peut eſtre levé que par le Pape. Et l'autre contient tout ce que Sixte cinquiéme a fait faire à cette illuſtre Bibliotheque. On dit que Clement huittiéme l'augmenta auſſi d'une grande quantité de livres tant imprimez que manuſcripts, par les ſoins de Fuluius Urſinus; que Paul cinquiéme y mit les manuſcripts du Cardinal Altemps, avec une partie de la Biblio-

theque Palatine ; & qu'Urbain huitiême
fit apporter plusieurs livres Grecs du
Collège des Grecs, & nomma pour
son Bibliothequaire Leo Allatius. Elle
contient, à ce qu'on dit, sept à huit mille manuscripts ; mais un manuscript y est
plusieurs fois ; & les livres imprimez n'y
ont pas en grand nombre, peut estre parce qu'on n'y met pas ceux qui ont esté imprimez depuis le temps qu'elle est
faitte. Il y a encore plusieurs autres Bibliotheques dans Rome, qui sont aussi
fort considerables. Il y a celle du Cardinal François Barberin, qui contient beaucoup de livres vieux & nouveaux, avec des
manuscripts tres rares. On y côpte jusques
à vingt-cinq mille Volumes, & cinq mille
manuscripts. Il y a celle du Palais Farneze.
Celle de Ste. Marie *in ara Cœli*. Celle de
Ste Marie sur la Minerve. Celle des Au-
gustins. Celle des Peres de l'Oratoire.
Celle des Jesuites. Celle du Cardinal de
Montalte. Celle du Cardinal Sforce. Celle du Duc Altemps, Celle de la Sapien-
ce. Celle de la Chiesa nova. Celle de S.
Isidore. Celle du Collège Romain. Celle de M. Slusius, qui est belle & nombreuse, Celle de la Reine de Suede. Celle du Cardinal de Chisi. Celle du Cardinal Altieri, dans laquelle il y a une gran-

de quantité de manuscripts, qui luy ont
coûté plus de 30000 livres. Celle du Cardinal Albizzi, qui n'est composée que de
livres Canonistes & Scholastiques. Celle
de Michel Angelo Ricci, qui est tres-
belle, & plusieurs autres qui appartiennent tant à des Communautez Religieuses qu'à des particuliers : Toutes lesquelles Bibliotheques sont considerables, les
unes plus, les autres moins; & dont méme quelques-unes sont publiques. Voyons maintenant celles d'Espagne.

Des Bibliotheques d'Espagne.

LA premiere & la plus considerable
est celle de l'Escurial au monastere de
S. Laurens, que Philippe second fit bâtir en l'honneur de ce Saint, à cause de la
victoire qu'il avoit remportée à S. Quen-
tin contre les François, le jour de la
Feste de ce Saint. Cette Bibliotheque est
dans un lieu dont les Beautez & les orne-
mens amusent agreablement les yeux des
spectateurs. La porte en est d'un ouvrage
admirable. Le pavé en est de marbre.
Les Tablettes, où sont les Livres, bril-
lent d'une grande quantité de peintures

ifférentes. Le Bois en est d'Inde. Tous
les Livres sont dorez sur la trenché : Et
il y a cinq rangs de Pulpitres l'un sur l'autre, dans lesquels les Lives sont contenus ; & chaque rang a cent pieds de
longueur. On y voit les portraits de Charles quint, de Philippe second, de Philippe troisiéme, & de Philippe quatriéme.
On y voit aussi plusieurs globes, particulierement un qui represente admirablement bien le cours des Astres, par rapport aux diverses positions de la terre.
Quelques-uns disent que de cette Bibliotheque on entre dans un autre, qui est
toute pleine d'anciens manuscripts, entre
lesquels on asseure qu'est l'Original du
Livre que saint Augustin a fait du Baptême. Il y en a même qui croient que
tous les Originaux des Ouvrages de
ce Pere de l'Eglise sont dans cette Bibliotheque ; & que Philippe second les acheta de celuy à qui ils estoient écheus du
débris de la Bibliotheque de Muley Ci-
dam Roy de Fez & de Maroc, lorsque
les Espagnols prirent la Forteresse de Ca-
rache, où cette Bibliotheque étoit. Pierre Daviti le rapporte ainsi dans sa genea-
logie des Rois de Maroc ; & il adjoûte
que cette Bibliotheque contenoit plus de

quatre mille Volumes Arabes , traittans
de diuerses choses ; lesquels Livres furent
apportez à Paris pour y estre vendus :
Mais parce qu'on ne les estima point,
on les trousporta à Madrid, ou Philippe second les acheta , pour en augmenter la Bibliotheque de l'Escurial. Quelques-uns neanmoins asseurent qu'il y a-
voit plus de sept mille Volumes Arabes.
Mais je ne sçay s'il leur faut adjoûter
foy. Quoy qu'il en soit un Historien rapporte qu'on offrit à l'Empereur Charles
quint la somme de cinquante mille é-
cus pour tous les Livres de sa Bibliotheque: Dans laquelle on voit entre plusieurs
autres singularitez une Hierusalem ad-
mirab'ement bien representée sur du bois,
telle qu'elle estoit du temps de Nostre-
Seigneur. On y voit aussi le portrait de
Jean d'Autriche , qui remporta sur les
Turcs la celebre victoire de Lepanthe. Il y
a dans cette Bibliotheque pl s de 2610.
manuscripts Arabes, dont Hottinger nous
a donné le Catalogue. Il y a aussi une
grande quantité de manuscrits Grecs &
Latins fort rares. Enfin il est constant
que c'est une des plus fameuses Bibliotheques du monde. Quelques-uns disent qu'elle a été augmentée de celle

du Cardinal Sirlet ; de celle d'un Archevesque de Sarragoce,& de celle d'un Am-
baſſadeur d'Eſpagne;ce qui l'a renduë tres
ample & tres-conſiderable. Mais depuis
peu le tonnere en a conſumé la plus grande partie.

Il y en avoit autrefois une tres celebre
dans la Ville de Cordoüe, que les Maures y avoient érigée,av c une illuſtre A-
cademie, où l'on enſeignoit toutes ſortes de Sciences en Arabe. Elle fut pillée
par les Eſpagnols, quand Ferdinand chaſ-
ſa les Maures de l'Eſpagne , aprés qu'ils
y eurent regné plus de ſix cens ans.
Ferdinand Colomb, fils du celebre Chriſtophe Colomb, qui découvrit les Indes
Occidentales, en compoſa une aſſez conſiderable dans Seuille ; mais il y fut bien
ſecouru des ſoins & des lumieres de Clenard.

Ferdinand Nonius qui le premier monta la langue Grecque en Eſpagne, en fit
une auſſi tres-ample & tres-curieuſe , où
il y avoit grand nombre de manuſcripts
Grecs, qu'il avoit achetez bien cher en
Italie : Et aprés avoir long-tempsprofeſsé
les langues Grecque & Latine à Complute, puis à Salamanque, il laiſſa par teſtament ſa Bibliotheque à cette derniere
Univerſité.

Nous trouvons encore dans l'Espagne la
grande & fameuse Bibliotheque que le
Cardinal de Ximenés erigea dans la Ville
de Complute, aprés y avoir établi une
Vniversité, qui s'est renduë fort celebre.
C'est ce grand Cardinal aux soins & à la
liberalité de qui nous devons cette version de la Bible que l'on appelle de Complute.

Enfin il y a eu dans ce Royaume quelques particuliers, qui à l'imitation
de ce grand Cardinal, ont fait de tres-
belles Bibliotheques, comme un Arias
Montanus, un Antonius Augustinus, un
Michel Thomasius, & plusieurs autres,
dont je ne me souviens pas.

Des Bibliotheques d'Allemagne.

IL y a celle de Francfort, laquelle est
tres remarquable. Celle de Lipsic,
qui est composée des manuscripts de Pau-
lina, trouvez dans trois monasteres, nommez en latin *Cluense*, *Pergamense*, & *Chem-
nisense*; la pûpart desquels manuscripts
sont sur du parchemin, & d'autres sur
du papier, dont le Catalogue a esté imprimé à Lipsic en 1670. Celle de Strasbourg, qui fut commencée par l'Evêque
Othon de l'illustre famille des Comptes

e Franconie. Celle du Duc d'Anhalt,
ont Henry Kitzius nous a donné le Ca-
alogue. Celle de Zuric. Celle de Vittem-
erg, qui fut fort augmentée par les Li-
res que Jean Frederic Duc de Saxe y
onna liberalement. Celle de Tubingen-
ue le Jurisconsulte Loüis Grempius augmenta de la sienne, qu'il donna par tes-
ament à l'Academie de cette Ville. Cel-
e de Basle, où il y a un nouveau testament écrit en lettres d'or, qu'Erasme dit
y avoir beaucoup serui pour la correction des versions de ce Livre sacré. Celle
d'Helmenstad, qui appartient à l'Academie de ce lieu. Celle du Duc de Baviere,
qui contient onze mille volumes, & beaucoup de manuscripts, dont on nous a
donné le catalogue. Celle d'Hiene en Tu-
inge. Celle de Lavinguen en Sueve. Cel-
e du Duc de Volfemburel, la quelle est
composée des Bibliotheques de Marc-
quardus Freherus, de Joachimus Cluten,
& des Curions. Elle est considerable par
e nombre & la bonté des Livres qu'on
trouve de toutes les editions, par leur
elle disposition, & par le lieu où ils sont
lacez, à cause de la commodité qu'il y
de s'en servir. Elle contient, à ce qu'on
dit, 116000 Volumes, & 2000 manuscripts Grecs, Latins & Hebreux. Celle

de l'Electeur de Brandebourg, laquelle
est fort nombreuse, & mieux reliée que
celle du Duc de Volfembutel. M. Hen-
drich, qui en est Bibliothequaire, pro-
met d'en faire un catalogue : Mais il tra-
vaille maintenant à un grand Ouvrage
intitulé *Pandecta Brandeburgiana*. Celle
de l'Evêque de Sallebourg, laquelle est
belle. Celle de l'Electeur Palatin, laquelle à la verité n'est pas si remarquable
qu'elle a esté autrefois, mais qui ne lais-
se pas d'estre fort nombreuse. Celle de
Ratisbone, où l'on dit qu'il y a aussi un
nouveau Testament écrit en lettres d'or.
Celles d'Erasme, d'Amesbaix, & de M.
Fesche dans Basle. Enfin il y a celle
de l'Empereur dans Vienne, laquelle contient prés de 10000 volumes ; & a esté
dans divers temps augmentée de douze
Bibliotheques, qui ont appartenu à de
tres sçavans hommes. Elle contient une
grande quantité de manuscripts Grecs,
Hebreux, Arabes, Turcs, & Latins.
M. Lambecius en a commencé le Catalogue ; & il a fait graver les figures qui
sont dans les manuscripts ; encore qu'elles
ne soient pas fort considerables. Il en a
déja fait quatre volumes in Folio. Cette
Bibliotheque fut commencée par l'Empereur Maximilien second en 1480. Et

eſt renfermée dans huit grandes cham~
bres, qui ſont toutes remplies de ces Li-
res ; à coſté deſquels il y en a un autre,
où ſont les Medailles & les autres curio-
ſitez, dont la plus remarquable eſt un
grand baſſin d'Emeraude. Juſte Lipſe a
donné beaucoup de loüanges à cette Bibliotheque, Voilà toutes celles qui ſont
les plus conſiderables en Allnmagne. Je
ne doute point qu'il n'y en ait en-ore de
tres belles que quelques particuliers ont
dreſſées ; Mais parce que je n'en ſçay rien
je les oaſſe ſous ſilence, & vay découvrir
celles des Païs bas.

Des Bibliotheques des Païs-bas.

IL y a dans les Païs-bas celle d'Amſter-
dam. Celle d'Anvers, dont l'une appartient aux Jeſuites, & l'autre aux Moines
de S. François. Celle de Bruxelle, qui appartient aux Jeſuites. Celle de Deventer.
Celle de Dorko en la Friſe Occidentale, où
l'on croit qu'eſt le Manuſcript des Evangiles, dot S. Boniface l'Apôtre d'Allemagne ſe ſervit pour inſtruire en la Foy
ceux de ce Païs-la, où il fut martyriſé
avec cinquante-deux de ſes Compagnons ;
Purquoy nous remarquerons en paſſant
une choſe tres conſiderable, qui eſt rap-

portée par Guichardin. C'est qu'il res[te]
encore de la Famille de ceux qui tuere[nt]
ce Saint ; & que dans cette Famille i[l]
naissent avec un poireau blanc sur le vi[-]
sage. Je m'en rapporte à ce qui en est, [&]
je continuë le recit de mes Biblioth[è-]
ques par celles qui sont à Gand chez l[es]
Moines de S. Pierre, chez les Domini[-]
quains, chez les Chartreux, & chez le[s]
Carmes. Celle d'un certain Monaste[re]
qu'on dit estre entre Nieuport & Dun[-]
querque, laquelle est fort estimée po[ur]
sa grande quantité de Manuscri[p]ts. Cell[e]
du Convent de Gemblours, qui est au[s-]
tres renommée par ses anciens Manu[-]
cripts, & à laquelle Erasme, & beaucou[p]
d'autres Ecrivains illustres ont eu sou[-]
vent recours. Celle d'Haderwic celeb[re]
pour le grand nombre de ses livres Syri[a-]
ques, Arabes, & Chinois. Celle d'Ipr[e]
qui fut autre fois brûlée par les Iconocla[s-]
tes, mais qui a esté reparée depuis. Cell[e]
des Abbayes de S. Jacques & de S. Benoî[t]
à Liege. Celle de Louvain, où l'on voi[t]
une Bible manuscripte que le Cardinal Bes[-]
sarion donna aux Docteurs de cette Ville
en reconnoissance de la bonne receptio[n]
qu'ils luy avoient faite. Celle des Jesuites
de cette mesme Ville fort renommée par
ses Manuscripts Grecs, dont une bonne

...rtie est venuë de la liberalité de Justo
...iple, qui avôit une Bibliotheque plus
...ecommandable par la bonté de ses Livres
...ue par leur nombre ; & qui en mourant
...aissa ses Manuscripts Grecs à ces Reve-
...ends Peres, & le reste au fils de sa Sœur.
...Celle d'Antoine Thysius à Leïde, la-
...quelle de particuliere devint publique,
...& fut donnée à la celebre Université
...que Guillaume Prince d'Orange établit
...dans cette Ville. Cette Bibliotheque
...est recommandable par 208. Manus-
...cripts Grecs, Hebraïques, Chaldaïques,
...Syriaques, Persiques, Armeniques, &
...Russites, que Joseph Scaliger legua à cette
...schole, où il avoit long-temps professé.
...Elle est encore recommandable par la
...Bible de complute que le Prince d'Orange
...mit, aprés que Philippe second luy en
...ut fait present ; & elle fut aussi beaucoup
...ugmentée par la Bibliotheque de Jean
...Holmannus second, qui fut Professeur en
...Theologie dans cette Université, à la-
...quelle il donna ses Livres. Golius nous a
...onné le Catalogue de tous les Manus-
...cripts de cette Bibliotheque. Il y a encore
...ux Païs-bas la Bibliotheque de Milde-
...bourg. Celle de Tongres. Celle d'Utrect.
...Celle de Zutphen plus considerable par
...le choix de ses Livres que par leur quan-

tité. Enfin il y en a, & il y en a eu plusieurs
autres dont je n'ay point eu de connoi∫-
∫ance.

Des Bibliotheques d'Angleterre.

IE pa∫∫e maintenant à celles d'Angleterre, où d'abord je trouve les deux
Bibliotheques que les Carmes & les Au-
gu∫tins y avoient au quinziéme Siecle;
qui ayant e∫té révnies en une furent aug-
mentées d'un grand nombre d'excellens
livres, par les ∫oins de Jean Tipitot
Anglois, qui pour cet effet courut toute
la Grece. J'y trouve celles des Univer∫itez
d'Oxford, & de Cambrige, qui ∫ont tres
anciennes, & contiennent une grande
quantité d'excellens Livres & Manu∫-
cripts. Mr Heide a donné le Catalogue de
celle d'Oxford, qui e∫toit compo∫ée de
celle de Thomas Bodlay Gentil homme
Anglois, laquelle ∫e montoit ju∫ques au
nombre de trente mille Volumes. Celle
de Seldenus qui y fut incorporée. Celle
de Guillaume Laude Archevêque de
Cantorbery. Celle du comte de Claren-
don, qui e∫t tres jolie & tres-curieu∫e.
Celle de Richard Cotton, qui n'e∫t com-
po∫ée que de Manu∫cripts, & plu∫ieurs
autres dont je n'ay rien de ∫ingulier à

pporter. Il suffit de dire que Jamesius
nous a donné des Catalogues de tous les
Manuscripts qui se trouvent en Angleterre. Tomasinus nous a donné celuy des
Livres manuscripts de la Bibliotheque de
S. Laurens, & Golius nous en a aussi
donné un de ceux qu'il a apportez d'O-
rient.

Des Bibliotheques de Dannemarc, & des autres Païs du Nord.

LE Dannemarc a aussi quelques Bi-
blio.heques fort considerables dans
Coppenhague. Il y a eu premi.remét celle
de Henry de Rantzau Gentilhomme Danois, de l'illustre Famille duquel le Mare-
chal de Rantzau estoit sorti; d'où l'on
peut remarquer en passant que cette race
ne tire pas moins d'éclat des sciences
que de l'epée. Cet illustre Seigneur estoit
si amateur de Livres qu'il n'avoit point
de plus grand plaisir que de les lire; & c'est
ce qu'il témoigne admirablement bien
par les beaux Hendecadesyllabes qu'il
composa sur ce sujet, dont voicy quelques
uns.

Salvete aureoli mei libelli,
Mea deliciæ, mei lepores;
Quam vos sæpe oculis juvat videre,

Et tritos manibus tenere nostris.
Tot vos eximij , tot eruditi ,
Prisci lum na saeculi , & recensis
Conf cere viri , suasque vobis
Ausi cre dere lucubrationes ;
Et sperare decus perenne scriptis :
Neque has irrita spes fefellit illos.

Et le reste dont le recit seroit trop lon[g]
Il y a encore dans l'Université de Co[p]
penhague une tres-belle Bibliotheque, [qui]
doit une partie de ce qu'elle est à plusie[urs]
autres Bibliotheques, qui y ont esté re[u]
nies par la liberalité de quelques par[ti]
culiers.

Il y a en aussi une tres celebre dans l'U[ni]
versité de Stokolm en Suede, que la Re[ine]
Christine y a erigée ; & où quelques [uns]
asseurent qu'est l'Original de l'Alcora[n]
qu'un Empereur des Turcs donña à [un]
Empereur des Romains.

La Pologne n'est pas privée non p[lus]
de l'honneur d'avoir des Bibliothequ[es]
car elle en a deux fort considerable[s]
dont la premiere est dans la Forteresse [de]
Wilne, & a esté composée par les R[ois]
de Pologne. selon le rapport de Mar[tin]
Cromer, & de Thomas Bozius ; & [la]
seconde est dans l'Université de Cr[a]
covie.

La Prusse en a aussi une, qui contie[nt]
à ce

ce qu'on dit, un certain nombre de Livres *in folio* & *in quarto*, couverts d'argent; entre lesquels on en voit un qu'Albert, premier Duc de Prusse composa, &
écrivit de sa propre main, pour instruire
son Fils, & luy enseigner l'art de bien
gouverner ses sujets, conformement aux
preceptes du Christianisme. Voila tout
ce que je sçay des Bibliotheques du Nort.
Nous n'avons plus à voir que celles de la
France, où il y en a une tres-grande
quantité, parce que les sciences y sont
fort cultivées il y a long-temps. Car
comme on peut bien juger, il n'y a point
de Communauté Religieuse en France
qui n'ait une Bibliotheque, plus ou moins
grande, selon le pouvoir & l'inclination
des Moines. Mais comme le recit en seroit
trop long, je me contenteray d'indiquer
celles qui sont les plus fameuses parmy
les Voyageurs curieux.

Des Bibliotheques de France.

IL y a dans l'Archeveché de Roüen, &
chez les Jesuites de cette Ville deux Bibliotheques qu'on estime. Il y a à Caën
celle des Cordeliers, & celle des Religieux de Premontré dans l'Abbaye d'Ar-
denne, lesquelles sont grandes & com-

posées de bons Livres. Il y en a une à
Orleans pour les Allemans, outre les autres qui sont aussi tres-considerables. Il
y a celle des Dominiquains de Lion, qui
appartenoit autrefois à Santés Pagninus,
& dans laquelle Sixte de Sienne dit avoir
veu le quatriéme livre des Machabées en
Grec, écrit à la main. Il y a prés d'An-
gers celle d'un monastere de Saint François, vulguairement dit la Baumette. Il
y a celle de Geneve, où l'on voit des Livres fort anciens, mais entr'autres une
Bible Françoise qui a plus de trois cens
ans. Il y a eu dans Aix celle de feu M.
du Peiresq Conseiller au Parlement de
cette Ville, lequel fut un des plus genereux & des plus curieux hommes du monde. Gassendi nous a décrit sa vie & sa Bibliotheque, qui a esté venduë à Paris.
Celle des Jesuites de Tournon est aussi
tres-considerable. M. Madron Conseiller au parlement de Tholose en a pareillement une tres-belle. Et il y a dans Di-
jon celles de M. de la Marre, & de M.
Lentin Personnages fort illustres.
Enfin il y a dans Paris, qu'on peut avec
raison appeller l'Athenes de nostre temps
& le veritable sejour des Muses, qui se
sont retirées pour vivre avec plaisir sous
l'agreable domination d'un Monarque

ont les vertus sont incomparables. 1.
elle du Roy, qui pourroit disputer
l'excellence , & pour le nombre des Li-
res & des manuscripts en toute sortes de
ngues , pour leur antiquité , & pour
ur bonté avec toutes les autres Biblio-
eques du monde. Je ne m'amuseray
oint à reciter par le menu tout ce qu'el-
a de singulier. Il me faudroit trop de
mps pour cela. Il suffit de dire que M.
olbert n'oublie rien de tout ce qu'il faut
ur l'augmenter & l'embellir , afin de
ntenter la genereuse inclination de son
aistre. On y voit une grande quantité
manuscripts Hebreux , qui viennent
partie de M. Gaumin. Il y en a aussi
grand nombre d'Arabes , de Grecs , &
Latins , qu'on dit se monter à plus de
mille Volumes , sans compter ceux
i regardent l'histoire & les affaires de
estat. Le nombre des Livres impri-
z qui y sont se monte à plus de 40000;
il n'y en a point qui ne soient excel-
ns. Elle est aussi fort remarquable par
grande quantité de Medailles qu'on y
it ; de sorte que l'on peut dire que c'est
recüeil le plus beau & le plus curieux
soit dans le monde, tant par ses
edailles antiques de grand , de moien ,
de petit bronze , avec celles qui sont

d'or & d'argent, que par les modernes. On
y voit aussi les Livres d'Estampe de M. de
Villeloin ; les manuscripts de feu Monsieur le Comte de Bethune ; le tombe[au]
de Childeric ; des pierres gravées, des co-
quilles curieuses ; & plusieurs livres [de]
mignature, avec ce celebre miroir arden[t]
dont l'effet est connu de toute la terr[e.]
2. Celle de Monseigneur le Prince d[e]
Condé, ce Mars de nostre siecle ; mai[s]
qui beaucoup plus illustre que Mars a
bien joint la gloire des Sciences avec ce[l-]
le des Armes, puisque sans le flatter [on]
peut dire que jamais Prince n'a esté
plus belliqueux ny plus sçavant que lu[y.]
Cette Bibliotheque est nombreuse, [&]
contient grande quantité de manuscri[ts]
rares Grecs & Latins. Elle fut dreslée p[ar]
feu Monseigneur le Prince son Pere, q[ui]
estoit un des plus sçavans hommes de [son]
temps : Et parce que Monseigneur le Pr[in-]
ce a herité d'une si noble qualité, il co[n-]
tinue avec la méme passion & les mêm[es]
soins l'agrandissement de cette Bibliot[he-]
que. 3. Celle de Monsieur le Cardi[nal]
du Boüillon, qui a esté augmentée de c[el-]
le de l'Academie de Sedan, que le R[oy]
luy a donnée, & où il y avoit de tre[s]
bons Livres, avec plusieurs man"scrip[ts]
de sorte que la bibliotheque de cet illu[stre]

ce Prelat peut eſtre maintenant miſe au nombre des plus conſiderables du temps. 4. Celle du Cardinal Mazarin, laquelle a eſté une des mieux fournies qu'on ait jamais veuës. Elle fut preſque toute diſſipée dans le temps des guerres de Paris ; mais aprés qu'elles furent appaiſées, on recëuillit le plus qu'on pût de ſes membres diſperſez, & on a rétabli celle qui ſubſiſte maintenant. Il eſt certain qu'on en tira ce qu'il y avoit de meilleur, pour mettre dans la bibliotheque du Roy. Le reſte eſt au Collège des quatres Naſions, où elle eſt placée dans un tres-bel endroit. On dit qu'il y a plus de ſix mille volumes qui ont eſté compoſez par des auteurs proteſtans. Cette Bibliotheque, qui a autrefois paſſé pour la plus belle, fut diſſitte neanmoins en tres peu de temps, comme celle du Duc de Brunſwic. Elle eſtoit de plus de 50000 volumes, dont la bibliotheque de feu M. Descordes fut le fondement. 5. Celle de Monſieur Colbert, qui eſt compoſée d'une grande quanſté de livres & de manuſcripts tous raſes & tous bons ; entre leſquels on voit tous les manuſcripts qui concernent la France, entre autres la negociation des Munſter, & les vingt huit conference

F iij

des Pyrenées, avec plusieurs manuscripts
fort anciens, & des copies de toutes les
Chartres du Royaume. Cette Bibliotheque est placée dans un lieu fort propre &
fort agreable, sous la garde du sçavant M.
Baluze, aux soins & aux lumieres de qui
nous devons beaucoup d'ouvrages tres-
doctes & tres-curieux, qui ont veu le jour
depuis peu. 6. Celle de Monsieur l'Archevêque de Paris, laquelle est tres belle, &
contient une grande quantité de bons livres. 7. Celle de Monsieur l'Archevêque
de Rheims, dont on peut dire la même
chose. 8. Celle de feu Monsieur le Chancelier Seguier, que Madame la Doüairiere
sa femme conserve avec soin, & que cet
illustre Magistrat avoit faitte avec plaisir.
Elle contient beaucoup de manuscripts
Latins, Grecs, Arabes, Turcs, & particulierement d'Ethiopiens, dont elle a
plus que toute autre Bibliotheque. Le
nombre de ses livres est grand ; & l'on dit
qu'il y a aussi une grande quantité de manuscripts qui concernent le Royaume. 9.
Celle de feu Monsieur le premier Presi-
dent Lamoignon, dans laquelle on voit
beaucoup de medailles & de monnoies des
Païs étrangers, que M. Tavernier luy a-
voit données. 10. Celle de Monsieur le
Président de Mesme, à laquelle il faut que

e m'arrête un peu, pour dire en paſſát que
ce n'eſt pas d'aujourd'huy qu'on cultive
les ſciences dans cette illuſtre Maiſon, qui
a donné à la France tant de Miniſtres d'E-
tat, & tant de Magiſtrats ſi celebres par
leur merite ; puiſque cette Bibliotheque
y eſt il y a tres long-temps ; ce qui eſt ve-
rifié par les grands eloges qu'elle a receus de la Croix du Maine, du Preſident
Fauchet, de Marcille Ficin, de Paſſerat,
de Turnebe, de Lambin, en un mot de
tout ce qu'il y a eu de grands hommes
dans les lettres au ſiecle paſſé, & au commencement de celuy-cy, qui tous l'ont
loüée, non ſeulement pour rendre juſtice
à l'excellence de cette Bibliotheque; mais
auſſi en partie pour temoigner la recon-
noiſſance de ce qu'ils luy devoient ; parce qu'il y a toûjours eu tant de generoſi-
té dans l'eſprit de ceux de cette Maiſon,
qu'ils ont toûjours rendu leur Bibliotheque libre aux Scavans. 11. Celle de Meſſieurs de Thou, dont on peut dire la méme choſe que je viens de dire de Meſſieurs de Meſme; & de la famille deſquels
eſt ſorti Jacques Auguſte de Thou, ce fameux Hiſtoriographe de France. à qui par
excellence on a donné le nom de *Verax.*
Leur Bibliotheque contient plus de mille
manuſcripts, tous rares. 12. Celle de Môſi-

eur le Procureur general de Harley, laquelle est tres-belle. Elle contient sur tout, une
grande quantité de Statuts, avec un tre-
beau receüil de Medailles. 13. Celle de
Monsieur Talon Advocat general. 14. Celle de Monsieur Bignon Aduocat general. 15. Celle de M. de Cambout de Coaslin
Evêque d'Orleans, & premier Aumônier
de sa-Majesté. 16. Celle de M. Huet
Abbé d'Aunay sous-Precepteur de Monseigneur le Dauphin, laquelle est tres-ample: Mais elle a cela de particulier qu'elle ne contient pas un Livre, ny pas un manuscript qui ne soit tort excellent ; parce
que ce grand Homme est si sçavant & si
profond en toutes choses, qu'il luy est
fort aisé de reconnoistre les bons livres
d'auec les mauvais. On peut dire aussi de
luy ce qu'Eusebe disoit de son ami Pamphile, qu'il est luy méme une Bibliotheque vivante. 17. Celle de M. Bourdelot Abbé de Maçé. Elle fut commencée par feu Monsieur Bourdelot son On-
cle, medecin de defunt Monseigneur le
Prince ; & cet illustre Abbé l'augmente
tous les jours ; de sorte qu'on peut la mettre au rang des plus considerables. 18.
Celle de M. Justel qui a quelques bons manuscripts, & qui en pourroit avoir beaucoup, ayant un grand commerce dans les

...aïs étrangers, où fon merite n'eft pas
moins connu qu'en France. 19. Celle de
M. du Puis, qui affeurément peut le dif-
puter avec les autres, tant pour l'antiquité & la rareté des manufcripts que pour
la bonté des livres. 20 Celle de Mon-
fieur Formentin Chanoine d'Orleans,
qui demeure avec fon Evéque. Sa Bibliotheque eft belle. 21. Celle de M. de Me-
fidat, Confeiller au grand Confeil, qui
ne l'eft pas moins. 22. Celle de M. Gi-
raud de Lion, laquelle contient des liures tres-curieux & tres-rares. 23. Celle
de M. Charpentier, fournie de tres-bons
liures, & en affez grand nombre, dont
ceux de fa compofition font la plus noble partie. 24. Celle de M. Faure Docteur de Sorbone, Prevoft & Chancelier
de Rheims, qui a ramaffé une grande
quantité de livres. & des meilleures editions. 25. Celle de M. d'Herouval, qui
a un grand nombre de manufcripts, &
quelques livres fort curieux & fort anciens, dont cet homme illuftre a une tres
parfaitte intelligence. 26. Celle de M.
de Gofne Advocat au Parlement, laquelle contient beaucoup de livres excellens,
particulieremnt de Grecs, d'Hebreux,
& en autres langues, dont cet illuftre Advocat a une parfaite connoiffance auffi.

R v

bien que de la Jurifprudence &des belles lettres. 27. Celle de M. Moreau Docteur & profeffeur de la faculté de
Medecine de Paris. 28. Celle de M. Petau. 29. Celle de M. Fieubet Confeiller
d'Eftat, qui a eu la plus grande partie des
livres du Pere Vignier, qui avoit avec
foin ramafsé tout ce qu'il y a de bon touchant la France. 30. Celle de M. Mal-
branche Confeiller au Parlement, & frere de l'illuftre Auteur de la recherche de
la verité. Cette Biblotheque eft compofée de toutes fortes de bons livres, & des
meilleures editions, qui font tous bien
reliez, & bien conditionnez. 31. Celle
de M. Hennequin, qui n'eft pas des moin-
dres. Il l'a euë de fon Pere, qui fe con-
noiffoit bien en livres ; & il l'a fort augmentée. 32. Celle de M. Theveneau,
qu'on doit mettre au nombre des plus remarquables, & des plus curieufes ; parce
qu'il n'y a que des liures fort rares fur
toutes fortes de matieres ; particulierement de ceux qui traittent des arts. 33. Le
Cabinet de M. Rouffeau, où l'on voit
plus de quatre vingt Volumes gros comme ceux de l'Atlas, lefquels contiennent
tout ce qu'il y a de beau dans tous les E-
tats du monde. Tous les hommes illuftres
& tous les Saints y font reprefentés ; a

moins ceux dont on fait des Eſtampes. Neanmoins cette Bibliotheque ne doit paſſer que pour un receüil. 34. Celle de M. Foıcroy Advocat. 35. Celle de M. Barillon, qui a eu celle de M. Morangi. 36. Celle de M. de Villeloin, qui a fait un nouueau receüil d'Eſtampes. 37 Celle de M. Juppé Advocat. 38. Celle de feu M. Salo, qui conſiſtoit ſur tout en livres d'hiſtoire. 39 Celle de M. de Lottiere. 40. Celle de M. de Boucherat Conſeiller d'Etat. 41. Celle de M. de Caumartin Conſeiller d'Etat. 42. Celle de M. de Laulnay Advocat, qui a beaucoup de ces livres qu'on nomme fugitifs, & qu'on a de la peine à trouver. 4ı. Celle de M. Nublé. 44. Celle de M. de Brodeau. 45. Celle de M l'Eſcuyer. 46. Celle de M de Guenegaud. 47. Celle de M. Renouard. 48. Celle de M. Lottin, leſquelles Bibliotheques ſont tres-belles. Je ne parle point des Bibliotheques qui ont eſté venduës ou diſſipées dans ces derniers temps, comme celles de Meſſieurs, Fouquet, Molé, Cordeau, Ribaudon, Lambin, du Freſne, Chandelier, Hardy, Megrigni, Calgry, Montchal, Morel, Porcher, Clement, Briot, Patin, Mentel, & de beaucoup d'autres dont je ne me ſouviens pas; & je finis ce

Catalogue des Bibliotheques des particuliers par celle de M. du Bois Docteur de
Sorbone, Chanoine de Saint Eftienne
des Grecs, & Principal du College de
Maître - Gervais. A la verité cette Bibliotheque n'eft pas fi confiderable par le
nombre des livres qu'elle contient, que
par leur excellence; de forte qu'on peut
dire d'elle ce qui a efté dit de celle de
Lipfe, qu'elle eft petite, mais qu'elle eft bonne, c'eft à dire que tous les
livres en font excellens. Et c'eft un effet de la doctrine de celuy qui en eft le
maiftre, & qui n'a de fi bons livres, que
parce qu'il en fçait tres-bien juger. Il
faut remarquer qu'afin qu'un amas de livres puiffe eftre mis au rang des Bibliotheques confiderables, il eft neceffaire
premierementqu'il y ait une grande quantité de volumes ; & en fecond lieu qu'ils
foient diftribuez dans certaines claffes,
afin d'éviter la confufion. Mais comme
un particulier ne peut pas fouvent avoir
tout ce qui peut contribuer à faire une
Bibliotheque, il luy fuffit d'avoir des
meilleurs Livres, & d'en faire un receüil
choifi, dont les gens d'efprit faffent eftime. Les receüils ne font propres que pour
des Cabinets ; entre lefquels il y en a de
fort curieux, comme celuy de M. Cle

ment, qui a quantité de livres de devises
& de carrousels, ce qui ne se trouve nulle
part ensemble. M. le Marchand a eû de
son pere plus de quatre cens Volumes de
plantes, qui sont tous tres-excellens ; ce
qui est fort curieux pour un particulier.

Mais pour retourner aux belles Bibliotheques de Paris, nous en finirons le de-
nombrement par celles des Cómunautez
Religieuses, où il y en a un tres-grand
nombre. La 1. est celle de Sorbone, qui
sans contredit est une des plus florissantes
de l'Europe. Elle est composée de celle de
la maison qui estoit peu de chose, de
celle de Mr Desroches, & de celle du
Cardinal de Richelieu. Ainsi il ne se peut
qu'elle ne soit fort nombreuse, & qu'elle
ne contienne d'excellens Livres. On dit
qu'il y a quantité de Bibles, avec un grãd
nombre de manuscrits Hebreux,& en autres langues. Ils en ont aussi une au hault
de la Maison, qui est aussi fort nombreuse.
La 2. est celle du College de Navarre,
qui ne cedoit pas autrefois à celle de Sorbone, ny a pas une autre, tant pour la
quantité de Livres, que pour la rareté des
Manuscripts ,qui y estoient aussi en tres-
grand nombre. On tient qu'il y a dans
cette Bibliotheque deux Manuscrits tres
anciens de l'Epitre S. Paul à ceux de Lao-

dicée. La 3. eſt celle de S. Victor, qui fut
établie par François I. pour l'utilité du
public, à qui elle eſt d'un grand uſage
& d'un grand ſecours. Je n'en feray point
les eloges, puiſque tout le monde en
connoît le prix auſſi bien que moy. Il ſuffit de dire qu'on en voit tres-peu de plus
amples & de mieux garnies de bons Livres. Il y a quantité de Manuſcripts latins, avec pluſieurs Auteurs du moyen
âge, qui eſtoient de la Maiſon. Elle a eſté
beaucoup augmentée par la Bibliotheque
de Mr de Bournonville Conſeiller de la
Cour, qui legua tous ſes Livres à cette
Communauté. La 4. eſt celle des Jeſuites
du College de Clermont, laquelle eſt
auſſi fort conſiderable par le nombre &
par la bonté de ſes Volumes. Il y a ſur
tout une grande quantité de Livres d'hu-
manitez. On y voit l'Hiſtoire d'Eſpagne
toute complete, quelques Manuſcripts,
entre autres les petits Prophetes, avec
les Obeliſques & les Aſteriſques, qui
eſt un tres beau Manuſcript. On y voit
auſſi quelques Medailles aſſez curieuſes.
La 5. eſt celle des Benedictins de l'Abbaye de S. Germain des prez, qui n'eſt pas
moins conſiderable que les autres,
pour la quantité de ſes Livres, & pour
l'antiquité de ſes Manuſcripts, entre leſ-

quels on voit les œuvres de S. Augustin
celles de Pierre Lombard Maistre de
Sentences, la Bible dont on dit que l
Cardinal de Lorraine, & Theodore d
Beze se servirent au colloque de Poissi
un Livre plein de chiffres qu'on attribu
à Ciceron, & dont on croit que S. Cy-
prien s'estoit servy; un Livre de Pseaumes
qu'on asseure avoir esté donné à S. Germain par l'Empereur Justin; & plusieurs
autres Ouvrages manuscripts tres anciens,
qui rendent cette Bibliotheque fort celebre. La 6. est celle des Peres de l'Oratoire
de la ruë S. Honoré, à qui Mr de Sancy
a donné les Livres Hebreux, qui y sont
en assez bon nombre; & parmy lesquels
il y a un Pentateuque Samaritain qui est
tres-beau. Il y a aussi plusieurs Bibles
Hebraïques que Mr de Sancy avoit fait
achepter par le Juif Rabbi Jacob, & par
Pietro de la Vallé. La 7. est celle des
Religieux de Ste Geneviéve, qui devien-
dra tres-considerable avec le temps par
les soins du Pere du Moulinet. La 8. est
celle des Benedictins de l'Abbaye de S.
Denis; mais elle n'est pas si ample qu'elle
estoit avant les guerres de Paris, qui ne
l'ont pas épargnée. La 9. est celle des
Cordeliers, qui contient à ce qu'on dit,
plus de douze mille Volumes, & dans un

des coſtez de laquelle ſont les manu-
cripts, la pluſpart Grecs, dont la Reine
Catherine de Medicis leur donna la meilleure partie ; & dans l'autre ſont les manuſcripts Latins, qui depuis ont eſté imprimez par Alde Manuce, & par les
Eſtiennes. La 10. eſt celle des Jacobins
de la ruë S. Honoré, laquelle eſt nombreuſe, pleine de bons Livres, & bien
placée. On dit qu'il y a quelques manuſcripts des ouvrages de S. Auguſtin. Cette
Bibliotheque eſt nouvelle,&a été faite en
peu de temps : mais quelque nombreuſe
qu'elle ſoit déja, on ne laiſſe pas de
l'augmenter tous les jours. La 11. eſt celle
des Capucins du Marais. La 12. eſt celle
des Minimes de la Place royale. La 13.
celle des Auguſtins dechauſſez, & quelques autres encore qui ſont toutes conſiderables, ſoit par le nombre de leurs
Livres, ſoit par leur antiquité, ſoit par
leur bonté, ſoit par la rareté & l'excellence des Manuſcripts.

Une ſi grande quantité de Bibliotheques eſt une Marque authentique de la
verité & de la juſtice de l'eloge que j'ay
tantoſt donnné à la Ville de Paris, lorſque je l'ay appellée l'Athene de noſtre
temps, & le veritable ſejour des Muſes.
il n'y a point, & il n'y a jamais eu de

Vil'e au monde, où l'on ayt tant veu de
Bibliotheques ; non pas mesme à Rome
du temps d'Augufte, foubs l'Empire duquel les fciences furent bien cultivées ;
ce qui témoigne qu'elles le font encore
mieux foubs le regne de noftre invin-
cible Monarque. Cependant aprés avoir
parlé des Bibliotheqnes de l'Europe, il
eft jufte de dire deux mots de celles qui
ont efté, & qui font encore maintenant
dans les regions les plus reculées, vers
l'Orient, & le Midy, comme l'Egypte, la
Chine, l'Ethiopie, & les autres.

Des Bibliotheques des Païs Orientaux & Meridionaux.

IL eft certain qu'on cultive les fciences
par tout, les uns plus, les autres moins,
& chacun à fa mode. Il eft conftant auffi
qu'il n'y a point de Nation qui les cultive fi bien que la Chine, par laquelle
nous commencerons. Car je croy que
perfonne n'ignore que fans les fciences
il eft impoffible en ceRoyaume de parve-
nir à aucun Gouvernement ny à aucune
Charge, foit de guerre, foit de juftice ; &
qu'ainfi il faut extraordinairement eftu-
dier fi l'on veut y faire quelque fortune.

Je ne doute point auſſi qu'on ne ſçache
tres-bien que pour obtenir quelque
Charge que ce ſoit, & pour acquerir les
honneurs du Païs il faut paſſer par trois
examens rigoureux, qui repondent à nos
trois dégrez de Bachelier, Licentié, &
Docteur. Cela ſuppoſé il faut remarquer
que l'Alphabet des Chinois eſt côpoſé de
telle ſorte qu'il leur donne beaucoup plus
de lieu d'écrire que de parler : & la raiſon
de cela eſt que comme il y a dans cet Alphabet une tres grande quâtité de lettres,
c'eſt à dire preſque autant de caractere
ou de figures qu'il y a de choſes au monde,
à la maniere des anciens Egyptiens ; &
comme parmi les Provinces mêmes de ce
vaſte Royaume la prononciation de
chaque caractere étant fort differente,
ils ne s'entendent pas le plus ſouvent ; cela eſt cauſe qu'ils ont recours a l'Ecriture,
pour comprendre leurs penſées : les caracteres eſtant par tout les mémes. D'ailleurs
parce que ces peuples haïſſent les aſſemblées, & par conſequent toutes ſortes
de diſcours publics, comme Harangues,
Sermons, Panegyriques, Oraiſons fu-
nebres, leçons, & autres diſcours d'Eloquence, qui ne peuvent eſtre prononcez
que dans les aſſemblées, qui ſont défen-
duës en ce païs-là, il y a grande apparen-

ce qu'ils se font autant portez à l'Eloquence d'écrire que celle d reciter en pu
blic leur estoit inutile: Et ce qui nous doit
confirmer dans cette conjecture, c'est
que l'Imprimerie estoit en usage dans ce
Royaume long-temps auparavant que
nous en eussions la connoissance dans
l'Europe : d'ou l'on doit inferer trois
choses, la premiere qu'il y a long-temps
qu'on fait des livres dans la Chine ; la seconde qu'on y en a fait beaucoup ; & la
troisiéme, qui est une suite des deux autres, qu'il s'y est toûjours trouvé des
particuliers portez à en faire amas, & à
dresser des Bibliotheques . En effet nous
lisons que plus de deux cens ans avant la
venuë de Nostre-Seigneur un certain
Roy de la Chine, nommé Chingius ou
Xius fit bruler presque tous les livres qui
estoient dans ce Royaume en une quantité extraordinaire, excepté ceux qui
traittoient de la Medecine, de l'Agricul-
ture, & de la devination. Ce qu'il fit par
un mouvement d'ambition ; afin qu'éteig-
nant par ce moyen la memoire de tous
ceux qui l'avoient précedé, on ne parlât
plus que de luy seul dans la posterité.
Neãmoins ses ordres ne furét point si bien
observez que les ouvrages de Métius, de Cõ
futius qu'on ãpelle ordinairemét le Socra-

te d' la Chine, & de beaucoup d'autres n̄
fussent cóservez par l'addresse d'une fém̄
qui cola les feuilles de chaque livre contre des murailles, où elles demeurerent jufques aprés la mort du Tyran. C'est pour
cela que ces ouvrages passent pour les
plus anciens parmy les Chinois, particulierement ceux de Confutius, pour qui
ils ont une singuliere veneration. Ces livres se montent à neuf; & sont comme
les sources dont les autres sont venus par
succession de temps, & en si grande quantité qu'un noble Chinois, se on le rapport du Pere Trigault, s'estant converti
fut plus de quatre jours a bruler tout ce
qu'il avoit de livres, afin qu'il ne luy
restât rien de son ancienne superitstion.
Spizelius dans son Livre *De re litteraria*
Sinensium dit que sur la Montagne de Ling-
muen il y a une Bibliotheque de plus de
30000 volumes, tous composez par des
Auteurs Chinois ; & qu'il n'y en a guere
moins dans le Temple appellé Venchung,
prés l'Echole Roiale. Martin de Herrada
rapporte qu'il a veu dans la Province
d'Ochiam de tres grandes Bibliotheques,
dont il acheta beauconp de livres, qu'il
envoya en Europe ; & il adjoûte qu'il en
eût acheté beaucoup davantage, s'il n'en
eût esté empéché par le Gouverneur de

la Province, qui ne jugea pas à propos
que la science des Chinois passât ainsi
dans des païs étrangers, de peur que
les secrets du Royaume ne fussent connus & diuulgués.

Le Japon a des Bibliotheques aussi-bien
que la Chine : Car beaucoup de relations
nous asseurent que dans la Ville de Na-
rad il y a un Temple tres-auguste dedié à
Xaca le Sage, le Prophete, & le Legislateur du Païs ; à costé duquel Temple les
Bonzes, qui sont leurs Prestres, ont
leurs chambres, entre lesquelles il y en a
une soûtenuë de vingt quatre colonnes,
qui contient une Bibliotheque si grande
que tout y est plein de Livres depuis le
le haut jusques au bas, & méme jusques
aux fenestres, qui en sont bouchées.

Mais tout cela n'est rien au'prix de la
Bibliotheque qu'on dit estre au Monastere de Ste Croix sur le Mont d'Amara en
Ethiopie. L'Histoire rapporte qu'Antoine Brieus, & Laurens de Cremone
allerent par ordre de Gregoire treiziéme
en ce Royaume, pour y voir cette fameuse Bibliotheque divisée en trois parties, qui toutes trois, à ce qu'on dit, contiennent dix millions cent mille volumes
tous écrits en beau parchemin, & con-

servés en des eftuits de foye. On dit de
plus que cette Bibliotheque doit fon
commencement à la Reine de Saba qui
alla voir Salomon, dont elle receut en pre-
fent une grande quantité de Livres, particulierement ceux d'Enoch touchant les
Elemens, & autres matieres Philofophiques; ceux de Noé qui traittent de fu-
iets mathematiques, & des ceremonies fa-
crées; ceux qu'Abraham compofa dans la
Vallée de Membré, où il enfeigna la Philofophie à ceux par le moyen defquels il dé-
fit les cinq Rois, qui avoient pris Loth fon
neveu; ceux de Job, & plufieurs autres
qu'on affeure eftre dans cette Bibliotheque, avec les Livres d'Efdras, des Sybil-
les, des Prophetes, & des grands Prêtres des Juifs; fans ceux qu'on attribue
à cette Reine de Saba, & à Melilech
fon fils qu'elle eut de Salomon.

A la verité tout cela parroift incroyable. Cependant on le dit. On l'affeure, &
on le peut voir dans le Pere Kirker. Tout
ce qu'il y a de certain à l'égard des Ethiopiens c'eft qu'ils ne cultivent pas beaucoup les fciences profanes; & par confequent ils n'ont pas beaucoup de Livres
Grecs, ny de latins, qui traittent de
matieres Philofophiques, hiftoriques, ou
autres : Mais ils s'attachent feulement à

la connoiſſance des choſes ſacrées, qu'ils
ont au commencement puiſée dans les
livres Grecs, que quelques-uns ont traduit en leur langue. Tout le monde ſcait
que ce ſont des Chreſtiens chiſmati-
ques, ſectateurs d'Eutychez & de Ne-
ſtorius.

Il n'en eſt pas ainſi des Arabes qui ne
cultivent maintenant ny ſcience pro-
fane, ny ſcience ſacrée ; mais ils les
ont beaucoup cultivées autrefois, c'eſt
à dire environ le diziéme ſiecle, ſous
le Règne du Roy Almanzor. Car on y
vit parroiſtre en ce temps-là, & un peu
enſuite une grande quantité d'hommes illuſtres, qui excellerent dans les
ſciences. Il y eut entre autres un Avicenne, que les Academies d'Eſpagne pren-
nent pour un Roy de Grenade, qui fit
compiler tous les Livres de la doctrine
des Arabes, & les fit publier ſous ſon
nom; comme Juſtinien avoit fait des
Livres du Droit. Un Averroës qui a
paſſé dans l'eſprit de quelques Auteurs
pour le genie d'Ariſtote, & dont la
doctrine a eſté admirée par les Démons,
ſi nous en croyons le Pere de Cardan.
Un Albumazar, un Albategnius, un Al-
phraganus, celebres Aſtronomes, au
premier deſquels on attribue l'inven-

tion des grandes conjonctions, un Geber qui, selon quelques-uns a découvert des manquemens dans les demonstrations de l'Almageste; un Alpharabius, un Rasis, & plusieurs autres dont on nous raconte des merveilles, & dont les ouvrages ont fort obligé la Republique des lettres. Il est certain qu'auant Mahomet l'ignorance regnoit beaucoup dans ce pais-là; & que quand Mahomet fut mort, on y vit tout d'un coup parroistre un nombre excessif de commentaires & d'écrits tous differens sur les livres & les actions de ce faux Prophete. Ainsi le Roy qui regnoit alors voyant une si grande quantité d'opinions differentes sur un même sujet, commanda à tous les Alphaques, ou Docteurs de sa Loy, d'apporter leurs livres à Damas, afin qu'on vit ceux que l'on supprimeroit, & ceux que l'on conserveroit. Les Docteurs estant assemblés, & les livres apportez, dont le nombre estoit si grand qu'il y en avoit pour charger plus de deux cens mulets, ont choisi six de ces Docteurs, qui ésuite de cela composerent *le zuna*, c'est à dire le livre des actions & des paroles de Mahomet. Puis le Roy ordonna que ce Livre seroit desormais la regle de verité

…é parmy eux, & que tous les autres fuſſent jettez dans la riviere ; ce qui fut exe-
cuté. Mais ce fut le Calife Almamon qui
le premier introduiſit les ſciences parmy
les Arabes. Ce Prince pour cet effet fei-
gnit d'avoir veu en ſonge un phantoſme
ſous la figure d'Ariſtote, qui luy avoit
ordonné d'envoyer en Grece & chez les
Latins chercher le plus qu'on pourroit de
livres, pour apprendre la ſageſſe, c'eſt à
dire pour acquerir par cette lecture la connoiſſance des choſes divines & humaines,
que les anciens Grecs avoient ſi bien poſ-
ſedée. Almamon ne manqua pas d'executer
cette ordonnance : Car aprés auoir vaincu Michel III. Empereur de Conſtantinople, il mit entr'autres conditions dans le
traitté qu'il fit avec luy, qu'il luy ſeroit
permis de prendre par toute l'eſtenduë de
l'Empire tout ce qu'il voudroit de livres,
& de les faire tranſporter en ſon païs ; ce
qui luy fut acordé. Ainſi il évoya pour cela des perſónes qui luy aporterét beaucoup
de livres,&les traduiſirét en Arabe. Le Roy
Manzor ne cultiva pas moins les ſciences
dans ce païs-la ; ce qui fut cauſe, comme
j'ay dit, qu'on vit ſous ſon Regne & dans
ſon Royaume parroiſtre tant de ſçavans
hommes, qui nous ont laiſſé de ſi doctes
ouvrages. Ce grand Prince établit dans

G

Maroc des Echoles & des Bibliotheques
publiques, où les Arabes se vantent avoir
l'exemplaire du Code de Justinian.

On dit qu'il y a dans Fez une Bibliotheque de plus de 32000 Volumes ; & c'est Er-
pennius qui rapporte l'avoir oüy dire
des témoins oculaires tres dignes de foy. On
asseure aussi que tous les livres de Tite Live
s'y trouvent, avec ceux de Pappus d'Alexandrie, grand Mathematicien, ceux d'Hippocrate, ceux de Galien, & de beaucoup
d'autres Auteurs celebres, dont nous n'a-
vons pas tous les ouvrages. Quelques voyageurs rapportent qu'il y a pareillement
dans Gaza une celebre Bibliotheque remplie de livres anciens, dans la plûpart desquels on voit des figures d'animaux, & de
chiffres à la maniere des anciens Egyptiens,
ce qui foit croire que ce sont des restes de
la Bibliotheque des Ptolomées. Il y a
aussi une Bibliotheque dans la Ville de Damas ; ou François Rosée de Ravenne trouva la Philosophie mystique d'Aristote traduitte en Arabe, qu'il publia ensuitte.
Nous lisons pareillement qu'André Mont-
gay Medecin alla exprez dans cette Ville
pour confronter & corriger les livres que
nous avons d'Avicenne sur les anciens e-
xemplaires qu'on dit estre dans cette Bibliotheque. J'ay leu dans un Auteur qu'en 161.
un Marseillois fit transporter dans la Biblio-

heque d'Espagne celle du Roy de Maroc,
laquelle contenoit prés de 8000 Volumes: Mais je croy que c'est celle de Muley
Cydam dont nous avons déja parlé.

Il y a dans Constantinople trois Bibliotheques, que nous confondrons avec
celles des Arabes La premiere est celle
qu'on dit estre de Constantin le grand, &
dans laquelle on voit plusieurs livres é-
crits sur du parchemin, sur tout l'ancien
le nouveau Testament, enrichi d'or
de pierres precieuses, à la maniere ancienne. La seconde est pour les nobles
pour les esclaves. La troisiéme qui n'est
pas loin du cabinet de l'Empereur des
Turcs, est pleine de livres tres-rares,
tres-bien ornez; c'est pourquoy elle est
appellée par excelléce la Bibliotheque Ot-
omane. C'est sans doute dans celle-la que
si l'ó en croit Baudier, six vingt livres de
Empereur Cóstantin d'une grádeur extraordinaire; car ils ont, à ce qu'il dit, plus d'u
brasse de largeur, & deux de lógueur. Il
est écore que leurs feüilles sót de parchemin, & si subtilemét parées qu'elles séblét
estre de la soye plutost que des peaux; que
plûpart sont écrittes en lettres d'or particulierement celles du vieux & du nouveau Testament; & que leurs couvertures
sont d'argent doré à l'antique, & enri-

chies de pierreries; à quoy il adjoûte qu
le Sultan tient ces Livres si chers qu'il ne
permet pas seulement qu'on les touche. Je
m'en rapporte à la bonne foy de l'Auteur.
Cela n'est pourtant pas impossible. Quoy
qu'il en soit Pierre de la Vallée gentilhomme Romain asseure dans la premiere
partie de son Itineraire que Tite Live tout
entier est dans cette Bibliotheque; & que
l'Ambassadeur de France & luy firent si
bien auprés du Bibliothequaire, qu'il le
leur vendit pour la somme de 10000 écus;
mais que ce fut inutilement, parce qu'on
le chercha pendant plusieurs mois sans le
pouvoir trouver. Il dit aussi que depuis cela le grand Duc de Florence en offrit cinq
mille piastres ; mais malheureusement le
feu se prit au Serrail en 1665. qui brûla u-
ne partie du Palais, & presque toute la Bibliotheque ; de sorte que si Tite Live y
estoit, il y a bien lieu de craindre qu'il
n'ait esté brûlé avec beaucoup d'autres
bons livres , que nous serions bien aise
d'avoir.

Il y avoit autrefois une assez belle Bibliotheque dans une Ville de Perse nommée Ardoüil, qui estoit anciennement le
sejour des Mages , selon le rapport d'O-
learius dans son Itineraire de Perse. La
Boulaie le gout rapporte que ceux du
Royaume de Sabée ne se servoient que

de trois livres, fcavoir du livre d'A-
dam, de celuy du Divam, & de l'Alco-
ran ; & j'ay appris d'un Jefuite qu'il a-
voit veu dans Alger une Bibliotheque
fort ample, dont le Roy luy montra plufieurs Volumes ; mais entr'autres celuy
de Thomas à Kempis de l'imitation de
JESUS-CHRIST, traduit en langue
Turque ; luy difant qu'il en faifoit plus
d'eftime que de tous les autres livres de
fa Religion. Il eft conftant auffi que
ce Roy avoit efté autrefois Chreftien.
Voilà tout ce que je fçay touchant les
livres & les Bibliotheques des Arabes &
des Mahometans. On ne peut douter
qu'il n'y ait eu beaucoup d'auteurs parmy
eux, ou qui ont compofé des livres, ou
qui en ont traduit de Grecs, de Latins,
d'Hebreux, ou de quelqu'autre langue
que ce foit en Arabe. Ils ont eu, foit
dans l'Afie, foit dans l'Afrique plufieurs
Echoles dont les Profefleurs fans doute
ont efté affez habiles pour cela. Clenard
rapporte dans le premier Livre de fes
Epîtres qu'il trouva dans leur païs un livre d'Evangiles écrit en Arabe, qui y
avoit efté traduit il y avoit plus de 600
ans. Il dit auffi qu'il y en avoit veu un
autre traduit pareillement en Arabe,
qui contient les mémes chofes qu'on voit

dans les anciens Exemplaires Grecs
qu'Erafme a fuivis & corrigez. Ils on
même traduit quelques écrits de S. Thomas, avec les Pfeaumes de David, qu'ils
chantent dans leurs mofquées ; parce que
Mahomet les leur a fort recomman-
dez ; mais ils les ont tres-mal traduits.
Et quant aux livres qui traittent des
fciences & des arts, on n'y en voit prefque point, parce que les fciences & les arts
ne font point maintenant en ufage parmi eux. C'eft pourquoy il y a tres-peu de
perfonnes en ce Pais-là qui fe fervent de
tels livres ; & s'il y en a, ce font de ces
genies tranfcendans qui naturellement
font fcavans de leur propre fond, & qui
par confequent connoiffans la valeur de
ces livres les eftiment, les lifent, & les
confervent precieufement.

Mais fi l'ignorance regne prefentement
parmi les Arabes, elle n'eft pas moins
grande parmy les Chreftiens Grecs ; où
les Preftres mêmes & les Moines ne fca-
vent rien autre chofe que dire leur Bre-
viaire. Ils ignorent l'ancien Grec, encore
que c'ait été la langue de leurs Peres ; &
comme fi c'eftoit un crime parmi eux que
d'eftre fçavant, il leur eft deffendu par les
conftitutions de leurs Evêques de lire aucun Poëte, aucun Philofophe, aucun Hi-
ftorien, ny aucun Orateur d'entre les Au-

...teurs payens. Ainſi l'on ne voit point
maintenant de ſcavans parmi les Grecs,
ou du moins on y en voit ſi peu que cela
ne vaut pas la peine d'en parler, parce
que pour toute ſcience on n'y eſtudie que
les actes des ſept Synodes de Grece, a-
vec les ouvrages de Saint Baſile, de S.
Chryſoſtome, & de S. Jean Damaſcene:
Encore y a-t'il peu de perſonnes qui s'a-
donnent à la lecture de ces livres ; tant
l'ignorance & la parreſſe ſe ſont renduës
maîtreſſes des eſprits de cette nation·
Cependant ils ont un grand nombre de
Bibliotheques de tous coſtez ; mais elles
ne ſont compoſées que de manuſcripts ;
parce qu'ils n'ont point l'uſage de l'Imprimerie. Ils ont la Bibliotheque du mont
Athos, & beaucoup d'autres, où il y a
grande quantité de manuſcripts, & peu
de livres imprimez. Mon frere, qui eſt
Capitaine entretenu dans l'armée navale
de Sa-Majeſté, m'a dit qu'il avoit veu au
pied du mont Athos les ruïnes d'une
Ville qu'ils appellent Periſshori ; prés de
laquelle il y a une Fortereſſe commandée
par un Turc, & habitée par un petit nombre de Grecs, dont l'Egliſe contient der-
riere l'Autel une grande quantité de manuſcripts entaſſez negligemment les uns
ſur les autres. Cependant il faut remar-

quer que ces Bibliotheques ont esté tres-
souvent visitées par les Chrestiens Latins,
qui de temps en temps en ont emporté
beaucoup de manuscripts, qu'on leur a
vendus bien cher. On rapporte que les
ouvrages de Saint Augustin étoient dans
une Biblio heque de l'Isle de Rhodes;
& l'on dit que Planudes les apporta de
là quelques années auparavant la prise
de Constantinop'e.

Mais ceux qui voudront sçavoir quels
sont les manuscripts, qui non seulement
ont esté apportez en Italie, en France, & en
Allemagne, mais aussi ceux qui sont encore dans tou. les endroits de la G ece,
c'est à dire dans toutes les Biblioth:-
ques de Constantinople, du Patriarchat,
de quelques particuliers, de l'Isle de
Pathmos, de la mer Egée, du monastere
de saint Basile, de Caffa autrefois nommée Theodosie, de la Chersonese Tau-
rique, & de plusieurs autres lieux, ils n'ont
qu'à voir la tab'e de l'Apparat sacré du
Pere Possevin. Tout cela y est mieux décrit que je ne pourrois le rapporter.
C'est pourquoy je finis ce dénombrement de Bibliotheques par celles des
Moscovites, qui sont aussi Chrestiens,
mais qui suivent la Religion Grecque.
Comme ils sont pareillement fort igno-

...ans, ils n'ont auſſi pour tous livres que quelques ouvrages concernans leur Reſigion, tous compoſez en langue Sclaſonique, qui a eſté autrefois fort étenſuë, & en laquelle on a traduit un grand ſombre d'Auteurs.

✻✻✻✻✻✻✻✻✻✻✻✻✻✻✻✻✻✻✻✻

Exemples qui font voir que les livres eſtoient chers avant l'Imprimerie

VOYLA tout ce que j'ay pu trouver touchant cette matiere. Cependant ſy a lieu de s'étonner de ce que tant de ſarticuliers, dont j'ay rapporté les Biſliotheques avoient pu, avant l'uſage de ſImprimerie, qui n'eſt pas fort ancien, ſmaſler ſi facilement des livres, qu'on aſoit tant de peine à décrire, & qui à cauſe de cela coûtoient ſi cher. En effet il falſoit avant l'art d'imprimer du temps ſour tranſcrire les livres ; & il n'y avoit ſue ceux qui avoient beaucoup de loiſir, ſni le puſlent faire aiſement : C'eſt pour ſuoy les Bibliotheques des Communauſez Religieuſes ont eſté toûjours mieux ſournies de manuſcripts que les autres. La

méme raison faisoit auſſi que les livres é-
toient vendus fort cher : Mais le deſir
d'en avoir faiſoit paſſer quelques uns par
deſſus toutes fortes de conſiderations, &
les forçoit pour ainſi dire, de vendre
tout, afin d'en achepter.

Nous en auons un bel exemple dans la
perſonne d'Antoine Becatel natif de Palerme, qui en 1455 vendit ſa metairie
pour achepter Tite Live de Poge Florentin. Voici le ſens de la lettre qu'il en é-
crivit à Alphonce Roy d'Arragon, de
Naple, & de Sicile.

SIRE

Vous m'avez mandé de Florence que les
œuvres de Tite Live écrittes en belles
lettres ſont à vendre, & qu'on en veut ſix
vingt ècus. Ie ſupplie voſtre Majeſté de
me faire apporter cet Auteur, que nous a-
vons couſtume d'appeller le Roy des livres ;
& je ne manqueray pas d'en envoyer le prix.
Mais je deſire ſçavoir de voſtre prudence qui
fait mieux de Poge ou de moy, luy qui pour
achepter une metairie prez de Florence vend
Tite Live, & moy qui pour l'acheter ecrit
de ſa main vends mon fonds. Voſtre bonté
& voſtre modeſtie m'ont perſuadé de vous faire

...re cette question familiere. Portez-vous bien, & triomphez.

Il me semble qu'un si grand Roy ne devoit pas souffrir qu'un si honneste homme vendit son bien pour avoir Tite Live. Il devoit comme un Prince genereux le luy donner liberalement. Et je ne trouve pas non plus que Becatel ait eu raison de blâmer Poge de vendre Tite Live, puis qu'il en pouvoit avoir deux copies, ou du moins qu'il pouvoit l'avoir leu tant de fois qu'il n'en avoit plus besoin. Quoy qu'il en soit cet exemple fait bien voir que les livres se vendoient alors bien cher : Mais ce n'est pas le seul que nous en ayons. Nous lisons que Jacques Picolomini Cardinal de Pavie, qui vivoit du temps de Loüis onziéme, ne put auoir les œuvres de Plutarque à moins de quatre vingt écus d'or, ny les Epistres de Seneque à moins de vingt cinq. Et Guaguin rapporte qu'un Libraire de Paris, nommé Pasquier, luy fit cent écus les concordances. Ainsi qui achetoit un livre en ce temps-là ne faisoit pas une petite acquisition ; & qui le donnoit faisoit un present fort considerable. Nous lisons aussi dans Brassian que l'Empereur Frederic troisiéme ne sçeut mieux gratifier

G v j

Jean Reuclin, surnommé Capnion, que
le duc de Vittemberg luy avoit envoié en
Ambassade, qu'en luy faisant present
d'une vieille Bible Hebraïque. Enfin les
livres estoient d'un si grand prix, qu'on
les laissoit par testament comme un heri-
tage fort considerable, ainsi que Nostra-
damus a remarqué dans un vieil monument de l'an 1393. Et l'on ne les ven-
doit que par des contracts aussi bien conditionnez que ceux d'une maison de dix
mille écus ; témoin celuy qui est encore
gardé dans un College de Paris ; & qui
fut passé par devant deux Notaires l'an
1332, comme le Sr. du Breüil le rapporte dans son livre des antiquitez de cette
Ville.

De l'invention de l'Imprimerie.

S'Il est vray neanmoins que l'art d'imprimer ait esté inventé en 1440 par
Jean Guttemberg Gentilhomme de Straf-
bourg, selon l'opinion de Tritheme, de
Sabellic, & de Polydore Virgile, je ne
trouve pas que le Tite Liue décrit par Poge eût deu estre si cher en 1455, c'est à
dire quinze ans aprés. Je sçay bien que

quelques-uns asseurent qu'il est plus vray
semblable que cet art n'a esté inventé
qu'én l'année 1462, par Jean Fauste de
Majence, & par Scoiffer son gendre.
C'est le sentiment de Macée, de Pierre
Appian, d'Aventin, de Genebrard, de
Ramus, de Vignier, de Ferrarius, de Pasquier & de beaucoup d'autres Auteurs
celebres; ce qui sans doute a donné lieu à
quelques uns de faire ce vers.

Faustus Germanicus munera fausta tulit.

Cependant la Colombiere en sa science Heraldique veut à toute force que ce
bel art doive sa naissance à Jean Mentel
de Strasbourg; & il dit que l'Empereur
Frederic troisiéme l'annoblit pour une invention si belle & si utile: Et c'est ce que
deffunct M. Mentel Medecin, de la
Bibliotheque duquel nous avons parlé,
& qui se disoit de cette famille, a tâché
de prouver dans un petit ouvrage qu'il en
a fait exprez. Chacun de part & d'autre
apporte d'assez bonnes raisons pour prouver son sentiment; & y fait du mieux
qu'il peut, les uns pour Guttemberg,
les autres pour Faust, & quelques-uns
pour Mentel. Pour ce qui est de moy
je ne prends point de parti ny pour les

autres, la chose me semblant trop dou-
teuse ; & je me contente à l'imitation de
Schedel, d'Herman, d'Erasme, & de
Gaguin de dire simplement que cet art a
tiré son origine d'Allemagne; & de le loti-
er auec Laurens Valle par ce beau distique qu'il fit sur son sujet; & qui confirme la croyance de ceux que je viens de
nommer.

*Quod vix   in toto quisquam perscriberet
        anno,
Munere germano conficit una dies.*

Tous les Auteurs conviennent que
l'Allemagne a veu naistre l'Imprimerie
dans ses flancs; mais ils ne disent point
qu'elle en a esté le Pere. Je sçay bien que
Lomejerius veut qu'elle ait esté inventée
dans Harlem par un nommé Costïer. Il
y en a méme qui en attribuent l'invention
à Regiomontanus. D'autres, comme
Paul Jove, asseurent qu'elle est originai-
re de la Chine, & qu'elle en fut transportée dans l'Allemagne par le moyen
d'un marchand, qui estant sur les lieux
il y a 200 tant d'années, & admirant un
usage si noble & si utile, en remarqua
soigneusement les circonstances, & les
pratiqua, lors qu'il fut de retour en Al-

lemagne ; ce qui n'est pas hors de vray-
semblance. Quelques Auteurs fondez
sur un passage de Saint Cyprian attribuent aussi cette invention à Saturne. Voici
les paroles du Saint dãs son livre de la va-
nité des Idoles, *hic Saturnus litteras impri-
mere, nũmos signare, primus in Italiã ĩstituit.*
D'où Pomponius Lœtus, & Mathœus
Lunensis ont pris sujet de dire que l'Imprimerie est plus ancienne qu'on ne croit.
Mais on replique à cela que Saturne a
pu trouver l'usage d'écrire sur des tablettes avec des poinsons de fer , mais
non pas l'art d'imprimer tel que nous l'a-
vons. Il y a méme des Auteurs qui veulent
que cet art nous soit venu de la Ville de
Themistan , lorsque Ferdinand Cortes
conquit la Mexique. Mais de quelque
endroit que vienne l'Imprimerie, il est certain que nous sommes fort obligez à celuy qui l'a trouvée : Car on peut dire
que c'est une des choses qui sont les plus
necessaires à l'homme. Cependant il ne
faut point douter qu'on ne fût ravi de
sçavoir sur quels livres on a fait le premier essai de ce bel Art.

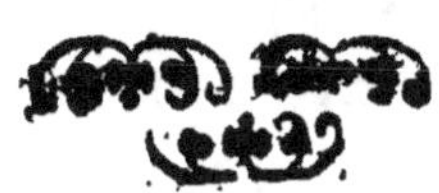

Des premiers livres imprimez, & des premiers Imprimeurs.

MAis les Auteurs n'en conviennent pas non plus que de l'inventeur de l'Imprimerie. Murer, Ramus, & Pasquier disent que ce fut sur les offices de Ciceron. Mais d'autres asseurent avec probabilité que ce fut sur une Bible in folio, imprimée par Faust en l'An 1462. D'où l'on peut conjecturer qu'il a esté l'inventeur de ce bel art, puis qu'on ne voit rien d'imprimé avant ce temps-là. Il est vray qu'on peut dire que Guttemberg pouvoit déja l'avoir inventé ; mais qu'il n'en avoit encore point fait l'essai ; & méme quelques-uns rapportent que par une malice & une envie indignes d'un homme raisonnab'e il avoit resolu de nous priver d'un si grand bien. Quoy qu'il en soit il est certain qu'on ne voit rien d'imprimé auant cette Bible, que Faust apporta luy-méme à Paris ' & qu'on dit estre maintenant dans la Bibliotheque de Ste Croix de la Bretonnerie : Elle est imprimée sur du velin ;

Mais les caract:res en font fort fembla-
bles à l'écriture de ce temp s-là ; car comme chacun fcait les arts ne reçoivent pas
tout d'un coup leur perfection. *Omne
principium rude & imperfectum ; fed per
addimenta artis , tractu temporis , res
perficiuntur.* L'infcription de cette Bible
fait voir que c'eft le chef-d'œuvre de
Fauft, que rien n'a efté imprimé auant ce
livre , & qu'elle a efté achevée d'imprimer fur la fin de l'année 1462.
Ceux qu'on a veus depuis l'impreffion de
ce Fauft & de Scoiffer fon gendre font
les Chroniques de Tritheme, imprimez
en 1466, & qui font en la Bibliotheque du Roy. Les Epiftres de S. Hierome imprimées en 1470, & qui font en la
Bibliotheque de S. Victor , & en celle
de S. Germain des prez. Valere le grand
imprimé en 1471, & qui eft en la Bibliotheque de MM. du Puis.
On vit en meme temps, fil'on en croit
Polydore Virgile, plufieurs autres Imprimeurs , qui porterent l'ufage de ce bel
art par tout le monde. Il y eut un Nicolas Janfon qui le premier le porta à Venife l'an 1472. On voit un pline de fon impreffion dans la Bibliotheque de M. de
mefme, & un autre dans celle de M. de
Thou de la plus belle lettre du monde.

Il y eut un Pierre Manfer, qui le premier le porta à Padoüe l'an 1474, où il imprima la physionomie du conciliateur Pierre Dapono, qui est dans la Bibliotheque de M. Moreau Medecin de la faculté de Paris. Il y eut deux freres Allemans, qui les premiers le porterent à Rome l'an 1465, & qui selon le Cardinal Volateran, y imprimerent la Cité de Dieu de S. Augustin, & les œuvres de Lactance, que du Verdier asseure estre dans la Bibliotheque de l'Evéque de Sarno. Je sçay que Polydore Virgile veut qu'un nommé Conrad ait le Premier imprimé dans Rome ; mais il est seul de son sentiment. On vit aprés un Vendelin natif de *Spire*, qui le porta dans plusieurs Villes de l'Europe, & y acquit beaucoup de reputation par son industrie. On vit Martin & Michel Ulriques, qui les premiers exercerent cet art dans Paris en 1470 ; & y imprimerent d'abord *le speculum Roderici Zamorensis Episcopi*, qu'ils dedierent à Loüis onziéme; & puis la Bible qui est maintenant aux Celestins. On vit ensuite a Venise le fameux Alde Manuce, a qui Erasme a donné tant d'eloges, aussi-bien que Guichardin dans la description qu'il a faitte de la Ville de Harlé. Cet illustre Imprimeur esperoit nous donner

plufieurs Auteurs que nous n'avons pas,
ou dont il nous manque quelque partie,
comme Tite Live & Trogue Pompée,
qu'il dit eſtre dans la Bibliotheque d'un
de ſes amis. C'eſt dans la preface de Pom-
peius Feſtus. On en uit à Baſle plufieurs
tres-celebres comme un Jean Frobenius,
qu'Eraſme loüe & regrette beaucoup ; un
Hierome Frobenius ; un Nicolaus Epiſ-
copius ; un Henricus Petrus ; un Nicolaus Brylingerus, & plufieurs autres illuſtres. On vit un Hierome Commelin,
dans la mort du quel Scaliger dit que les
lettres firent une tres-grande perte; car il
auoit, à ce qu'il dit, une grande quantité de bons manuſcripts Grecs & Latins
qu'il alloit imprimer. On vit en France
les Eſtiennes, Robert & Henry, ſi fameux
par leur ſçauoir, & par tant d'ouurages
doctes qu'ils ont corrigez & imprimez.
On vit en Flandre un Chriſtophe Plan-
tin, qui s'eſt rendu celebre autant que les
autres, & qui auoit deux Imprimeries,
l'une à Anvers, & l'autre à Leyden. Enfin
on en vit par tout en grande quantité,
qui tous eſtoient ſcavans, laborieux, a-
droits , & qui ont fort obligé la Republique des lettres.

Nous voyons que peu de temps aprés
Martin & Michel Ulriques cette inven-

tion se répandit par toutes les Villes de
la France sous divers Imprimeurs, & en
differentes années ; & c'est ce qu'il est
aisé de connoistre par les plus vieilles editions, qui y ont esté faittes ; par exemple
à Lion l'an 1478, les pandectes en Medecine de Mathæus Sylvaticus. A Bour-
deaux l'an 520, les œuvres en Medecine
de Gabriel de Terraqua. A Abbeville
l'an 1485; la Cité de Dieu de S. Augustin.
A Langres *l'expositio super Psalterium de
turre cremata*. A Tholose, l'an 1488 les
Commentaires de Thomas Valois sur la
Cité de Dieu de S. Augustin. A Engou-
lême l'an 1493; le Grocismus, & plusieurs
autres ouvrages, dont nous avons l'obli-
gation à ces excellens Imprimeurs, qui
n'estoient pas moins scavans à bien corriger les fautes que l'ignorance des Co-
pistes avoit coulées dans presque tous les
manuscripts, qu'adroits à bien imprimer
tant d'ouvrages dont nous leur sommes
redevables

De quelques livres qui ont esté découverts par les soins des Hommes doctes, & studieux.

NOus né devons pas moins aussi à ceux qui poussez d'un noble desir de gloire se sont donnez mille peines, pour trouver dans toutes les bibliotheques, particulierement dans celles des Moines & des Colleges, la plûpart de tous les Auteurs que nous avons, & qui y estoient comme ensevelis dans la poussiere. Mais pour donner plus de jour à cette pensée, il faut remarquer que la paresse, l'ignorance, & méme quelquefois la malice des Moines nous a été aussi injurieuse en cela que nous y avons receu de bien de la diligence & de la doctrine de ceux, qui ont tiré de captivité tant & de si bons ouvrages. Il est certain que si le Ciel n'avoit suscité de temps en temps quelques genies rares nous eussions perdu beaucoup d'ouvrages excellens, que la vermine & la poussiere eûssent à la fin tout-à-fait rongez dans ces Bibliotheques negligées.

Nous devons aux soins de Beatus Rhenanu⁵ les œuvres de Tertulien, qui étoient demeuzées cachées jufques en l'année 1520; & qui apiés ce temps-la furent imprimées par Frobenius. Sigifmundus Gelenius y a auffi beaucoup contribué par cet ancien manufcript, que Joannes Helaudus luy envova d'Angleterre, où il l'avoit tiré avec beaucoup de peine d'un monaftere fort ancien, où il pourriffoit dans l'ordure : Car outre les ouvrages de cet Auteur qu'on doit aux foins de Rhenanus, on eut auffi de ce manufcript les livres qu'il a faits de la Trinité, du témoignage de l'ame, de l'ame, des Spectacles, du Baptême, de l'idolatrie, de la pudicité, du jeûne, & quelques autres dont je ne me fouviens pas. Quelques uns croient que nous n'avons pas tous les ouvrages de Tertulien. Quoy qu'il en foit nous devons au méme Rhenanus le Velleius Paterculus qui avoit été fi long-temps caché dans un monaftere de la haute Alface; hé! pleût à Dieu que nous l'euffions entier. Nous devons à Erafme les Commentaires d'Arnobe fur les Pfeaumes qu'on tira du College des Chanoines de Franckendal, entre Wormes & Spire. Nous luy devons pareillement le *Seneca ludus in Claudium Cæsarem;* du moins il parut de fon temps, aprés a-

voir esté si long-temps caché dans un
Cloître d'Allemagne. Les dix livres des
Epîtres de Pline, avec le Panegyrique de
Trajan virent le jour par le moyen d'A-
loysius Mocenicus Ambassadeur de Venise en France, qui les tira d'un Cloître
d'icy, & les porta en Italie, où il les donna a Alde Manuce pour les imprimer.
Nous devons aussi le Code Theodosien
aux peines & aux soins de Jean Suichard,
qui ayant obtenu des lettres de Ferdinand
d'Autriche luy donnant pouvoir de chercher par toutes les Bibliotheques de sa
domination, y trouva à la fin aprés bien
du travail ce liure si desiré depuis si long
temps. Nous devons à Simon Grynaeus
les cinq derniers livres de Tite Live, qu'il
trouva dans la Bibliotheque du monastere de Laurissen, la plus ancienne de toutes
celles d'Allemagne. L'Exemplaire manus-
crit en êtoit extraordinairemét vieux, & si
mal écrit qu'à moins qued'être beaucoup
sçavant & appliqué à cela, il estoit comme impossible d'y rien déchiffrer, ny cō-
prendre. Nous sommes pareillement obligez à ce monastere, d'une grande partie
d'Hesychius . & du dernier livre d'Ammian Marcellin, qui ont esté trouvez
dans sa Bibliotheque. Nous avons recou-
vré par les soins de Gasparin, ce cele-

bre Grammairien & Orateur, qui a long-
temps professé avec éclat à Venise & à
Padoue, les trois livres d'Epiſtres de Ciceron à ſon frere Quintus, qu'il trouva ſi
gaſtez, qu'il eut beſoin de tout ſon ſcavoir
& de tout ſon eſprit pour nous les donner corrects. Nous liſons que Poge Florentin rencontra par hazard dans la bouti-
que d'un Poiſſonnier l'ouvrage de Quintilien, qui eſtoit inconnu, tout gaſté, &
preſque tout rongé de la vermine & de la
pouſſiere, auſſi-bien que du temps; &
que de France, où il le trouva, il le porta
à Rome, où il le mit au jour, aprés l'a-
voir corrigé; ce qui arriva dans le temps
que le Concile ſe tenoit à Conſtance. Ce
fut luy auſſi qui trouua dans l'Allemagne
les manuſcripts des livres *de finibus & le-
gibus* de Ciceron; & qui le premier les
porta en Italie, où il les mit en lumiere.
Auſculanus nous a donné le livre de Mar-
cus Apicius, & celuy des Commentaires
de Pomponius Porphirio ſur Horace.
Nous devons pareillement aux ſoins de
Guarinus de Verone les œuvres du Poëte Catule, qui aprés avoir eſté long-
temps enfermé, & avoir acquis dans ſa
priſon une ſi grande difformité qu'il n'é-
toit pas reconnoiſſable, a veu le jour enfin,
& l'a veu ſi pur, ſi net & ſi bien habil-
lé

lé par le moyen de Guarini, qu'on le
reconnoiſt maintenant pour un tres excellent Poëte du temps que le latin eſtoit
en ſa plus grande pureté. Nous devons
encore les fables de Phedre a Mrs. Pithou, & l'hiſtoire de Procope en Grec a
David Heſchelius. Leonard Aretin l'a-
voit déja donnée en langue Gothique ;
mais il avoit ſupprimé le nom de l'Auteur; de ſorte que quand cet Aretin fut
mort, Chriſtophe Perſonne l'accuſa de
larcin ; parce qu'ayant luy-méme trouvé un autre Exemplaire de cette Hiſtoire en la méme langue, il la divulgua ſous
le nom de ſon Auteur, & ainſi convain-
quit l'Aretin de Plagiat. Gaſpard
Bruſchius nous a donné le livre *de ortu,*
progreſſu, & fine imperij Romani de l'Abbé Engelberg, qui floriſſoit du temps
du Comte d'Haſpurg. Jovian Pontan
aſſeure que du temps de ſa jeuneſſe on vit
pour la premiere fois parroiſtre les ele-
gies de Properce, qui avoient eſté juſ-
ques-là inconnues par l'ignorance des
temps; & qui furent trouvées dans une ca-
ve, & ſous des tonneaux, où le temps,
& l'humidité nitreuſe du lieu en avoient
tellement rongé l'écriture qu'on eut grande peine à la lire ; ce qui fut cauſe que les
premieres editions en furent toutes plei-

H

nes de fautes , que les habiles ont corri-
gées dans la suite des temps. Nous devons
en quelque façon le Theucydide à Camerarius , qui le premier le mit en lumiere , aprés qu'il eut esté caché plus de cent
ans dans Basle , où Jean Aretin l'avoit
porté d'Italie. Nous devons aussi les Dio-
nysiaqnes de Nonnus , Aristenet , Euna-
pius , Hesychius , & Theophilacte sur
les actes des Apostres aux soins extraor-
dinaires de Jean Sambucus Medecin , qui
n'avoit point de plus grande passion au
monde que de deterrer les Auteurs ensevelis dans l'ordure. Enfin il est constant
que sans la diligence & les lumieres de
quelques illustres Personnages tant de ce
siecle icy que des derniers nous eussions
perdu la plûpart des anciens Auteurs, qui
auroient esté rongez par la vermine &
par la poussiere, au fond des Bibliotheques negligées ; ou qui eussent esté perdus par l'ignorance & par la malice des
Moines . Et c'est de quoy aussi Erasme
se plaint : Car cet Auteur, à qui la Repu.
blique des lettres est si redevable , dit sur
l'adage , *festina lente* , que l'on trouveroit dans les Cloîtres des Allemans , des
François , & des Anglois une grande
quantité de manuscripts cachez , si l'on
vouloit les y chercher ; mais que les Moi-

nes les celent & les refusent, ou les veulent vendre si cher, que cela étonne les
plus hardis acheteurs, & en détourne les
plus curieux ; mais que cependant la tigne
& la poussiere les rongent, & que quelquefois les larrons les emportent au grand
prejudice des Sçavans.

LETTRE

A

MONSIEUR D E. :

Des moyens de composer
une Bibliotheque.

E ne puis vous representer assez bien, ny vous ne sçauriez vous même l'imaginer, combien j'ay receu de satisfaction de l'occasion que vous m'avez donnée de vous rendre service. L'estime que j'ay pour vous, & l'amitié que vous avez pour moy, m'y portent tellement, que les occasions de le faire font ma plus grande felicité. Cela estant vous pouvez bien juger que j'ay du déplaisir de ce que ces occasions n'arrivent pas plus souvent ; & qu'encore que je m'estime heureux de celle que vous m'avez offerte, ce bonheur neanmoins est mêlé de quelque chagrin, de ce que

ette occafion n'eſt pas encore aſſez con
ſiderable pour contenter l'ardeur que j'ay
de vous plaire. Cependant je m'étonne
de ce qu'un homme auſſi éclairé & auſſi
ſçavant que vous me conſulte ſur une
choſe qu'il poſſede mieux que moy. Vous
voulez, ditte-vous, ſçavoir de moy comment il faut compoſer une Bibliotheque; &
vous éte vous-même une Bibliotheque vivante qui n'ignorez rien. Ainſi ce ſeroit à
vous bien plûtoſt qu'à moy qu'il faudroit
s'addreſſer pour en avoir la connoiſſance.
Mais côme je fais un devoir indiſpenſable
de vous obeïr ponctuellement en toutes
choſes, & que je croy d'ailleurs que vous
ne demandez mon avis que par une eſpece de curioſité, qui vous porte à ſçavoir ſi je ſçay quelque choſe ſur cette ma-
tiére, je vay en peu de mots vous en découvrir ma penſée.

    Il eſt certain, & tout le monde l'a-
voüe auſſi, qu'il n'y a rien de plus hono-
rable, ny qui ſoit plus digne de loüange
que d'eriger un Bibliotheque, particulierement quand on ſe propoſe en cela
non ſeulement ſa propre inſtruction,
mais auſſi l'utilité du public, du moins
celle des honnétes gens, en leur permet-
tant l'uſage de ſes livres. Je ne vous rapporteray point pour confirmer la verité

de cette propofition, l'exemple de tous ceux qui fe font acquis beaucoup de gloire par une action fi noble & fi vertueufe. Il fuffit de vous dire qu'il y en a eu beaucoup, dont vous pouvez voir les noms dans le traitté que j'ay fait des Bibliotheques. Ainfi je viens à ce que vous me demandez. Mais il faut que je vous avouë auparavant que je ne puis affez m'étonner de ce qu'il fe trouve des perfonnes affez abfurdes pour croire qu'il ne faut pas une grande fuffifance pour dreffer une Bibliotheque. Ce n'eft, difent-ils, que la fcience d'un Libraire, & par confequent peu de chofe; comme fi les connoiffances d'un Libraire devoient perdre leur prix pour eftre d'un Libraire ; fuppofé que tous les Libraires fçachent bien l'art de dreffer une Bibliotheque, ce que je n'accorde pas. Au contraire je croy qu'il y en a tres peu qui le poffedent, parce que cet art ne confifte pas à ramaffer indifferemment toutes fortes de livres, pour les confondre aprés cela tous enfemble, & les ranger fans diftinction. Il a d'autres regles, & d'autres loix, fuivant lefquelles un Bibliothequaire fe gouverne, pour bien compofer fa Bibliotheque, ce qui demande une grande capacité. Mais on le verra mieux par la defcription que je vay aire de ces regles que par toute autre chofe.

Il eft certain , Mr , qu'il faut du fçavoir, du foin, & de l'argent pour eriger
une Bibliotheque. Il faut du fçavoir pour
connoiftre les livres, & difcerner les bons
d'avec les mauvais , dont il ne faut point
charger fa Bibliotheque. Il faut du foin
& de la peine pour chercher de tous côtez les livres neceffaires : Et enfin il faut
de l'argent pour les acheter. Et c'eft où
il eft encore befoin de conduite , pour ne
pas acheter les livres plus qu'ils ne va-
lent , & ne les pas laiffer auffi faute de
connoiftre & d'offrir ce qu'ils meritent ;
toutes lefquelles chofes exigent beaucoup de fçavoir. Cela fuppofé comme le fondement de cet ouvrage , nous
pouvons dire que trois chofes font neceffaires pour l'erection d'une Bibliotheque.
1° La quantité des livres. 2° leur qualité.
& 3° l'ordre dans lequel on les doit dif-
pofer. Quant à la quantité il la faut diftin-
guer , & la prendre felon les lieux & les
perfonnes. Car fi un particulier qui n'a
que des richeffes mediocres veut eriger
une Bibliotheque pour fon feul ufage, il
n'eft pas obligé de fe ruiner pour cela ;
mais il doit avoir plus d'égard à la bonté
qu'à la multitude des livres , dont il veut
compofer fa bibliotheque : Et c'eft le fen-

riment de Seneque qui dit que cette multitude accable & n'instruit pas. Mais si
quelque particulier puissant est assez amateur de la gloire pour vouloir eriger une
Bibliotheque qui soit libre & utile au
public, il l'a doit composer de toutes sortes de livres ; & pour cet effet il doit en
chercher dans toutes les parties du monde. Car on peut dire que comme dans
un pré, le bœuf rencontre de l'her-
be, le chien des lievres, & la cicogne
des lezards pour leur nourriture, de méme il faut que dans une Bibliotheque publique tous les sçavans, dont il y a tant
de differens caracteres, trouvent ce qu
est à leur usage ; c'est a dire que chacun
d'eux y trouve les livres qui luy puis-
sent servir dans ce qu'il sçait, ou dans ce
qu'il desire apprendre. Mais non seulement il faut faire distinction des personnes qui veulent dresser une Bibliotheque,
il faut aussi faire en cela difference des
lieux. Car il est certain qu'il y a des Provinces & des Royaumes où l'on n'a pas
le pouvoir d'amasser aisément des livres,
c'est pourquoy l'on n'y peut pas faire de
grandes Bibliotheques. Nous ne determine-
rons donc point la quantité des livres qu'il
faut pour composer une Bibliotheque, puisque, comme j'ay dit, il y faut avoir égard

a condition des personnes, qui les establis-
sent, & des lieux où on les erige, selon
lesquelles choses on se regle.

Mais où l'on a besoin de prudence & de
doctrine, c'est au choix qu'il faut faire des
livres pour en bien connoistre la valeur ;
car on peut dire que le prix d'une Bibliotheque dépend du bon ou du mau-
vais choix des livres. Et de fait, Mr, ce n'est
pas par leur multitude ny par leur gros-
seur qu'il les faut priser, mais c'est par leur
bonté. Car comme les operations de la nature & de l'art ne sont jamais plus excel-
lentes & plus dignes d'admiration que dans
les ouvrages tres-petits, il arrive aussi tres-
souvent dans les sciences que les petits
livres contiennent beaucoup plus de suc
que les grands, & meritent par consequent beaucoup plus d'estime. C'est de
quoy nous avons de beaux exemples
dans les Satyres de Perse, dans l'histoire
Satyrique de Petrone, dans celle de Sa-
luste, dans l'Enchyridion d'Epictete, dans
les differens ouvrages de Plutarque, dans
les opuscules de S. Augustin, & dans plusieurs autres que je passe sous silence. Il ne
faut pas aussi que l'esprit de celuy qui
veut faire une Bibliotheque, se prévienne
en faveur d'aucuns livres ; c'est à dire
qu'il préfere les vieux aux nouveaux, ny

H v

les nouveaux aux vieux , par une sotte foi-
blesse qui nous fait ordinairement precipi-
ter nos jugemens & nos passions , sans e-
xaminer les choses. Il faut au contraire
qu'il les reçoive tous egalement dans sa
Bibliotheqne , afin de l'accomplir ; pourveu que d'ailleurs ils ayent ce caractere de
bonté que nous avons jugé leur estre necessaire pour cela : Car la verité est de tous
temps ; & les sciences , dont la profession
est de la trouver & de la démontrer, ne font
exception d'aucun âge pour estre me-
thodiquement enseignées. Il faut donc
qu'il choisisse parmy tous les livres , soit
vieux , soit nouveaux, ceux qu'il sçaura e-
stre les meilleurs ; & aprés les avoir choi-
sis , il les rangera par ordre ; parce que l'ordre est l'ame & la forme des Bibliotheques,
comme les livres en font le corps & la matiere. Ainsi il assemblera tous les inven-
teurs des sciences & des arts , avec leurs
meilleurs Interpretes , & les Commentaires qui ont esté faits sur leurs ouvrages.
Mais il faut qu'il les distingue par certaines classes , qui font cet ordre , dont l'ob-
servation est necessaire dans une Bibliotheque , qui ne seroit sans cela qu'un amas de
livres confus & inutile.

Mais afin d'observer comme il faut cet
ordre , mon sentiment seroit de faire sept

classes, dans chacune desquelles les livres seroient rangez de la maniere dont je vay vous le décrire.

La premiere contiendra les Lexicons, les Grammairiens, les Orateurs, les Poëtes, les Mythologues, ceux qui ont écrit des antiquitez, & des monnoies, ceux qui ont fait des ouvrages mêlez, & des critiques.

La seconde sera des Philosophes Grecs, Latins, Arabes, avec leurs Interpretes, leurs Commentateurs, & leurs Conciliateurs tant anciens que modernes, qu'il faut distinguer par sectes. Il y faudra mettre aussi les ouvrages de ceux qui n'ont traitté qu'une seule partie de la Philosophie, soit la Logique, soit la Morale, soit la Physique, soit la Metaphysique; & particulierement ceux qui traittent de la Politique & de l'administration des Estats.

La troisiéme comprendra les livres de Mathematiques, c'est à dire ceux qui traittent d'Arithmetique, de Geometrie, d'Astronomie, d'Astrologie, de Musique, d'Optique, de Peinture, d'Architecture, des Fortifications; & méme on peut reduire à cette classe ceux qui traittent des arts liberaux comme de l'art militaire, du Manege, de la Chasse, de la Navigation, des Mechaniques, & autres que je passe sous silence.

H yj

La quatriéme renfermera les livres qui
regardent la Theologie, comme la Bible en
plusieurs langues, avec les Auteurs qui
l'ont interpretée, les Rabbins, les Conciles,
les Sts Peres, l'histoire Ecclesiastique, la
Theologie Scholastique, les livres de Controverses, ceux de Devotion, ceux des
Casuistes, les Sermons, les differens Inst-
tituts des Moines, les vies des Saints, &
méme les ouvrages des Heretiques, avec
les livres deffendus, parmy lesquels on con-
fondra ceux qui traittent de Magie, d'Ido-
lattrie, & de Devination.

La cinquiéme contiendra les livres de
Droit, tant civil que canonique, tant general que particulier; c'est à dire qui regarde
les Loix & les coûtumes de chaque Nation
& de chaque Province.

La sixiéme sera des ouvrages de Medecine, tant anciens que modernes, soit Arabes,
soit Latins; dans laquelle classe il faut
mettre aussi les livres qui traittent des metaux, des plantes, des animaux, de l'Ana-
tomie, de la Chymie, de la Pharmacopée,
de la Chirurgie, & de tout ce qui regarde
le récouvrement & la conservation de la
santé.

La septiéme enfin comprendra les his-
toires tant generales que particulieres, aux-
quelles on adjoûtera les livres qui traittent

de la Chronologie & de la Geographie comme les deux fondemens sur lesquels l'histoire est appuiée.

Mais de peur que la multitude n'engendre de la confusion, il faut encore, pour bien faire subdiviser chaque classe, en d'autres classes inferieures, sur tout si la quantité des Livres le permet. On pourroit aussi faire une huitiéme classe qui seroit meslée ; parce qu'il y a plusieurs Auteurs qui ont écrit de diverses matieres, & par consequent qu'il est tresmal-aisé de reduire à une classe déterminée. Tel est par exemple, Cardan, qui est Philosophe, Medecin, & Mathematicien. Tel est Plutarque qui est Historien, Politique, & Philosophe. Tels sont enfin Varron, Macrobe, Valere Maxime, Athenée, Aulugelle, Pline, Elian, Solin, & une grande quantité d'autres que je passe soûs-silence, & qu'il faut tous mettre dans cette categorie meslée; si pourtant on ne veut les placer avec les Livres de Polymathie ; où imprimant leurs Traittés separément les mettre en diverses classes. Quoy qu'il en soit celuy qui veut faire la Bibliothéque doit bien prendre garde que chaque livre soit placé dans le lieu qui luy est propre, afin d'éviter la confusion. Mais parce qu'il feroit trop long , & peut-eftre auffi trop difficile , pour ne pas dire impoffible, de rapporter chaque Livre dans fa Claffe, & de faire pour cela un dénombrement de tous les Auteurs qui ont écrit fur toutes fortes de matieres , je me contenteray de vous en nommer quelques uns.

Il faut donc pour ce qui eft de la premiere claffe , que celuy qui veut amaffer des Livres falle une exacte récherche de tous ceux qui ont traitté des Mots & dictions, de quelque maniere & en quelque langue que ce foit. Comme Nomenclateurs , Ethymologiftes, Vocabulaires, Lexicons, Dictionnaires, Onomafticons, Gloffaires , & autres. Pour cét effet il faut qu'il prenne pour le langage Hebreu Santez Pagninus , pour l'Arabe Herpennus, pour le Chinois, & le Copte Kirker, pour le Grec Julius Pollux , Herodian , Hefychius, Suidas , Crifpinus, Tufanus, Meurfius , Henry Etienne , Conftantin, Budée, Scapula. Pour le Latin le Calepïn, Martinius , Robert Etienne , Voffius , & un grand nombre d'autres qu'il faut prendre pour s'inftruire de ces Langues. Quant aux Grammairiens qui font la feconde partie de cette Claffe , il y a pour la Langne Latine Diomede , Charifius , Donatus , Prifcianus Auteurs an-

ciens , & parmy les modernes les plus
considerables font Laurens Valle, San-
ctius, Scioppius, Vossius, Despautere, avec
la Grammaire de Port-Royal. Pour ce
qui est des Orateurs qui font la troisiéme
Partie , il prendra particulierement Isocrate , Demostene : mais sur tout Ciceron, qui en est le Chef & le Maistre, avec
Quintilien , qui nous a donné de si bons
preceptes pour cét Art ; ce qu'ont fait
aussi tres-bien quelques Auteurs Grecs,
comme Longin, Demetrius le Phalerien,
Hermogene , Denis d'Halicarnasse , &
plusieurs autres en tres grande quantité,
tant parmy les Anciens que parmy les
modernes. Les Poëtes font la quatriéme
partie de cette classe. Il y a parmy les
Grecs Homere , Hesiode, Aristophane ,
Sophocle , Euripide, Menandre, Pindare,
& divers autres. Parmy les Latins En-
nius, Lucilius, Virgile , Ovide, Catulle,
Properce, Horace, Tibulle, Martial, Perse,
Cornelius Gallus, & une grande quantité
d'autres parmy les Anciens que je passe sous silence , aussi bien que les modernes ; m'estant contenté de nommer les
plus connus de peur d'estre trop long.
Il leur faut joindre leurs Scholiastes,
comme entre les Grecs Eustathius sur
Homere , & entre les Latins Servius sur

Virgile, avec leurs Commentateurs qui
font en grand nombre ; comme aussi les
Auteurs qui nous ont donné diverses
Leçons ; ceux qui ont écrit les vies des
Poëtes, tels que font particulierement
Petrus Crinitus , & Lilius Giraldus ;
ceux qui nous ont donné des regles de
Poësie, c'est-à-dire qui ont fait des
Poëtiques, où les preceptes de cét Art
font tres-bien deduits & expliquez, cóme
Aristote, Horace, Hyeronimus Vida, Ca-
stel Vetro, Vossius, Cāpanelle, & sur tout
les autres Jules Scaliger, qui les a tous
surpassez en cela. Je n'aurois jamais
fait si je voulois vous rapporter tout ce
qui peut estre allegué sur toutes les parties de cette classe. Je ne vous en citeray que quelques-uns ; mais ce seront
les plus considerables. Pour continuer
par les Mythologistes, qui font la cinquiéme Partie de cette categorie de Livres. Nous avons Hyginus , Fornutus ,
Planciades, Palephatus, Fulgentius, Co-
melinus, Noël le Comte, Giraldus, tous
Auteurs qu'on doit avoir. Il faut aussy
pour les Antiquitez, qui feront la sixiéme
Partie de cette classe , avoir les Inscri-
ptions de Grutherus , & celles de Pierre
Appian , avec les anciens Monumens de
Pierre le Gallois. Pour les monnoies

il faut prendre le Livre *de affe* de Budée,
& ceux de George Agricola, Hotoman-
nus, Hubertus, Gotfius, Fulvius Urfinus,
Antonius Auguftinus, le threfor critique
de Grutherus, & ce que plufieurs autres
Auteurs ont compofé fur cette matiere,
qui fera la fepriéme Partie de cette premiere claffe. La huitiéme fera composée
des Auteurs de Polymathie, dont les
principaux à mon avis, font Onuphrius,
que quelques-uns ont appellé le Pere de
l'Hiftoire Ecclefiaftique ; & dont le Chevalier de Montaigu dit que Lipfe a pris
beaucoup de chofes fans le nommer,
Erafme Auteur fi celebre, Budée l'honneur de fon Siecle, à qui Erafme repro-
che par envie d'avoir pris d'un Auteur
Allemand prefque tout ce qui eft dans
fon Livre *de affe*, Jules & Jofeph Scaliger perei & fils, plus Illuftres beaucoup
par leur fçavoir que par leur naiffance,
qu'ils rapportent fauffement à la noble
famille Def-chiens-della-fcala d'Italie,
Cardan le fubtil, Volateran le Docte,
Alexander ab Alexandro, Cœlius Rho-
diginus, Barthius, Cafaubon, Turnebe,
Pithou, Hermolaus Barbarus, Angelus
Politianus, Jufte Lipfe, Galeottus Mar-
tius, Philelphus, Pic de la Mirande, le
fleau des Aftrologues, contre qui il a tant

& si bien écrit, Louis Vives le celebre Commentateur de la Cité de Dieu de S. Augustin. Gerardus Vossius, Saulmaise, & plusieurs autres encore dont je ne me souviens pas maintenant; & qu'on peut justement appeller des Astres brillans dans les Sciences, qu'ils ont fort honorées par leurs doctes ouvrages ; entre lesquels nous mettrons encore Petrus Ligorius, qui pourroit tenir lieu de tous les autres : mais tous ses Ouvrages n'ont pas esté imprimés. On peut aussi mettre dans cette classe ceux qui ont donné des regles pour faire des Bibliotheques , ou qui ont fait des catalogues de livres rangés par ordre , comme Photius, Politian, Gesner, avec les additions de Licosthene , Draudius , Pierre l'Abbe Jesuite , Mrs du Frêne , Descordes , Lindanus, le Pere Poissevin, Dom Jacob de Châlous, Sorel, & autres.

La Seconde classe contient les Philosophes qui sont anciens ou modernes. Nous n'avons rien des anciens, hormis de Platon & d'Aristote, que ce que nous en voyons dans Diogene Laërce , dans Plutarque , & dans Stobée , avec ce que Lucrece nous a donné de la Philosophie d'Epicure, Sextus Empiricus de celle des Pyrrhoniens , & Lipse de celle des Stoiciens: Car le Livre qu'on attribuë à Hermes Trifmegifte n'eft point de luy fi nous en croyons Cafaubon. Neanmoins il nous refte un Livre *de Mundo*, compofé par Ocellus, duquel on croit qu'Ariftote a pris beaucoup de chofes. Mais c'eft peu que tout cela fi nous le comparons aux Ouvrages de Platon & d'Ariftote, qui ont fait les deux Sectes les plus celebres dans la Philofophie. Le premier a été fuivi par Ammonius, par Plotin, par Porphire, par Jamblique, par Sirianus, par Proclus, par Juftin, par Hermias Damafcius, par Speufipppus, par Alcinous, par Pfellus Sinefius, par Prifcianus Lidius, par Olympiodorus; & parmy les modernes par Marcile Ficin, par Jean & François Pic de la Mirande, par Patrice, par Foxius, par Beffarion, par Caftanée, par Carpentarius, par Steuchus Combentius, par Jacobus Mazovius, & par plufieurs autres, dont il faut avoir tous les ouvrages. Ariftote a eu pour fectateurs qui l'ont commenté Alexander Aphrodifœus, Themiftius, Simplicius, Philoponus, Michael Ephefius, Afpafius, Averroës, Albert le grand; dont les deux plus fameux difciples S. Thomas & Scot ont partagé l'école d'Ariftote en deux fectes differentes. Celuy qui dref-

se une Bibliotheque doit avoir soin d'avoir
les ouvrages de tous ces Philosophes, comme aussi ceux des nominaux, dont Ocham a
esté le Chef, & qui a eu de tres-celebres
sectateurs.   Il y a encore des Philosophes
plus recens dont il doit avoir les œuvres;
mais entr'autres un Suislet, un Leonicus
Zimara, un Augustinus Niphus, un Nico-
mercatus, un Pomponace, un Achillin, les
Conimbres, ceux de l'Université de Complute, un Arriaga, un Oviedo, un Ru-
vius, un Pererius, un Licetus, & plusieurs
autres qui ont plus recherché & suivi le
sens des termes d'Aristote que l'ordre & la
nature des choses. Il faut encore qu'il ait
les ouvrages de ceux qui sans se mettre en
peine d'Aristote ont donné la liberté de
philosopher au genre humain, & se sont
plus attachez à connoistre la nature comme
elle est qu'à jurer aveuglement sur les paroles d'un maistre. Tels sont Bernardinus
Telesius qui a commencé, puis François Patrice, le Baron de Verulam, Loüis Vives
Besson, Campanelle, Ramus, Commenius
le Pere Magnen Minime, & plusieurs autres tres-celebres; mais entre lesquels Gassendi & Descartes se sont rendus les plus
remarquables, l'un pour nous avoir renou-
velé & accommodé au Christianisme l'ancienne Philosophie de Leucippe, de De-

...nocrite & d'Epicure, qui estoit presque é-
teinte ; & l'autre pour avoir fait un Sys-
téme nouueau assez vray semblable. Voilà pour ce qui regarde les Auteurs qui ont
traitté de toutes les parties de la Philosophie, & dont un Bibliothequaire doit ne-
cessairement auoir les ouvrages. Il y a encore un nombre infini d'Auteurs qui n'en
ont traitté qu'une ou deux parties, soit la
Logique, soit la Morale, soit la Physique,
soit la Metaphysique. Je ne les nomme
point de peur d'estre trop long dans ce recit, mais j'avertis seulement le Bibliothequaire de rechercher curieusement leurs
ouvrages, & de les ranger avec ceux de
leurs sectes. Il y a encore les livres de Politique qui doivent être mis dans cette classe ; parce que cet art fait la plus noble partie de la Philosophie ; & parmy ceux qui
ont traitté de la Politique, les plus considerables entre les anciens sont Xenophon,
Platon, Aristote, Ciceron, Plutarque ; & entre les modernes, Bodin, Machiavel, & Juste
Lipse. Neanmoins il y en a encore une tres
grande quantité d'autres, qui y ont tres-
bien réüssi, & dont les ouvrages doivent
estre recüeillis avec soin par celuy qui com-
pose une Bibliotheque.

La troisiéme classe, qui est des Mathemati-

ques, doit contenir les ouvrages de Diophan-
te, d'Euclide, d'Archimede, d'Apolloniu
Pergeus, de Theon, d'Alhaſen, de Vite
lion, de Ptolomée, de pluſieurs Arabes
de Copernic, de Ticobrahé, de Peubarche
de Regiomontanus, de Longomontanus
de Keppler, de Galilei, de Claves, de Sche
nerus, de Meibonius, qui a ramaſsé e
un ſeul volume tout ce que les anciens Grec
avoient composé de la Muſique, de Vie
te, du Pere Merſenç Minime, de Vitruve
avec ſon Commentateur Philander, & d
pluſieurs autres enfin qui ont travaillé ſ
les Mathematiques. Mais il faut que le B
bliothequaire ait ſoin de ranger leurs livre
de telle ſorte que ceux qui ont traitté d'un
méme choſe ſoient enſemble; ainſi il fau
qu'il mette les Aſtronomes avec les Aſtro
nomes, les Geometres avec les Geometres
& ainſi du reſte; car il y a beaucoup d'au
teurs qui n'ont traitté qu'une ſeule parti
des Mathematiques; & quãd bien méme u
ſeul auteur auroit écrit ſur diverſes parties, il faudroit ſeparer ſes ouvrages, & range
un chacun d'eux avec ceux de ſon eſpece.
Par exéple il faut mettre les Harmoniques
du Pere Merſenne, & l'art du Conſonant &
du Diſſonant du Pere Kirker, avec les Au
teurs qui ont traitté de la Muſique; en-

core que ces deux Religieux ayent fait
d'autres ouvrages , qui doivent eftre mis
autre part. Il faut mettre Lomazo,& Vaza-
ri avec les autres Auteurs qui ont traitté de
la peinture ; Ubalde , Beffon , Schotus Jefuite , Salomon de Caux , avec tous ceux
qui ont écrit des Mechaniques ; & ainfi du
refte de tous les Auteurs qui ont travaillé
fur toutes les parties de cette fcience,

La quatriéme claffe eft grande, parce qu'elle contient les Auteurs de Theologie , entre lefquels la Bible doit tenir le premier
rang , comme le Soleil entre les Etoilles.
Elle y doit eftre de plufieurs editions , dont
les plus confiderables font celles de Complute , d'Anvers , de Paris , & de Londres,
à caufe des diverfes langues dans lefquelles
elles ont efté imprimées. On l'accompag-
nera des Paraphrafes, des Interpretations,
des Commentaires, des Notes, des Concordances, des Indices, des Glofes, du
Thalmud, en un mot de tous les ouvrages
qui ont efté faits pour l'expliquer & en faire comprendre les fens differens, & qui
font en tres grand nombre. Aprés cela on
y mettra les Conciles de la derniere impreffion, qui font les plus corrects & les
mieux imprimez , & par confequent qui
feuls fuffifent. On y mettra enfuite les ou-

vrages de S. Denis, de S. Juſtin martyr
d'Origene de la correction & de l'inter
pretation de M. l'abbé Huet, de S. Athanaſe
de S. Gregoire de Nazianze, de S. Gregoire
de Niſle, de S. Jean Damaſcene, de Theo-
doret, de S. Baſile, de S. Cyrille, de S.
Chryſoſtome, de Tertulien, de Lactance,
de S. Ambroiſe, de S. Hierome, de S. Auguſtin, de S. Gregoire, & de S. Leon Papes, de S. Proſper, de S. Pierre Chryſo-
logue, de S. Bernard, en un mot de tous
les Peres de l'Egliſe; aux quels on adjoûtera les ouvrages de Pierre Lombard Maître
des ſentences, le premier Inſtituteur de la
Theologie Scholaſtique; puis ceux de S.
Thomas & de Scot ſes Diſciples, qui ont
partagé cette Theologie en deux ſectes auſſi-bien que la Philoſophie d'Ariſtote; avec
leſquels on placera les œuvres d'Alexandre des Hales, d'Henry de Gand, de Sua-
res, de Vaſques, de Becan, d'Echius, &
d'une grande quantité d'autres Theologiens
dont je ne me ſouviens pas maintenant. On
peut auſſi ranger dans cette même claſſe les
livres des Heretiques, comme Luther, Cal-
vin, Melancton, Bucer, Beze, Ochin,
Petrus Illyricus, Oſiander, Petrus Martyr,
les Centuriateurs de Magdebourg, & tous
les autres qu'on peut voir dans le Catalogue

gue des livres défendus du Concile de Trente. On y mettra aussi, si l'on veut les ouvrages qui concernent la Magie, c'est à dire les livres qui traittent de la Cabale,
de la Theurgie, de l'art notoire, de la De
vination;aux quels on joindra les livres im-
pies & superstitieux ; mais il en faudra faire un bon usage, c'est à dire ne les lire que
pour les detester, & écrire contre. Il ne faut
pas aussi oublier dans cette classe ceux qui
ont fait des ouvrages de Controverses,com-
me les Cardinaux Bellarmin, du Perron,
& de Richelieu, Panigarole, l'Evêque du
Bellay, & plusieurs autres ; aux livres des
quels on joindra ceux de pieté, qui sont en
un nombre infini ; c'est pourquoy je serois
trop long à nommer leurs Auteurs, dont
les principaux, à mon avis, sont Thomas
des Champs Auteur de l'Imitation de Jesus-Christ, & Grenade.

La cinquiéme classe contiendra tout ce
qu'on a en Grec, ou en Latin des livres du
Droit civil & canonique, avec leurs Commentateurs, dont les plus considerables
sont Accurse, Balde, Jason, Barthole, Al-
ciat, Cuiaz, Hothoman, Gothofroid,
Chassanée, Guillaume Durand, dit le Spe-
culateur, Trutlerus, Duarein, Vinnius,
Visambachius, Vulteus, Petrus Gregorius,
Brocolten, Lancelottus, Schonerus, Fre-

rotius, Rebuffe, & une grande quantité d'autres, aux quels on adjoûtera ceux qui ont écrit sur les coûtumes particulieres de quelques Provinces, comme du Moulin sur celle de Paris, Coquille sur celle du Nivernois, Berauld sur celle de Normandie, Argentré sur celle de Bretagne, & ainsi du reste.

La sixiéme classe, qui doit contenir tous les Auteurs de Medecine, ou qui ont traitté de quelque matiere appartenante à cette science, aura premierement les livres d'Hipocrate & de Galien, puis ceux d'Aretœus, de Traillan, de Paul Eginette, d'Oriba'e, d'Actius, d'Actuarius, d'Avicenne, de Rhasis, de Celse, de Scribonius, de Largus, de Marcellus Empyricus, de Cœlius, de Fernel, de Sennert, de Sylvius, de Perdulcis; & de plusieurs autres modernes tres-celebres, qui ont tres-bien écrit dans cet art, comme un Asellius, un Hervé, un Oüillis, un Bartholin, un du Laurens, un Riolan, un Vesal, & plusieurs autres que je passe sous silence, pour n'estre pas si long. Il leur faut joindre aussi les ouvrages chymiques de Paracelse, d'Helmont, de Mesué, de Guido, de Tagault, de Paré, & de tous ceux qui ont traitté de la Medecine selon les regles de cet art: Comme aussi ceux que Georges Agricola, & Cœsius ont fait des metaux, ceux que Dioscoride, Theophraste, Mathiole, & Deschamps ont fait des plantes, & ceux enfin que Gesner, Ulisse Aldroandus, Jonssonius, Rondelet, Belon, Salvian, & Mouffet out fait des animaux, dautant que ces matieres ont du rapport à la Medecine.

La septiéme, & derniere classe comprend, comme je vous ay dit, les Historiographes, les Chronographes, & les Geographes Mais parce que la Geographie est l'œil de l'histoire nous commencerons par les Auteurs, qui en ont traitté, & qui doivent entrer en cette classe. Il y a entre les anciens Ptolomée, Strabon, Pomponius Mela, Pline, Solin, & entre les modernes ous avons l'Atlas major, Glareanus, Munster, Appian, Mercator, Ortelius, Honterus, Bertius, Cluvier, Mr Baudrand, Mr du Val, & plusieurs autres, dont je ne me souviens pas. Quant aux Auteurs Chronographes & Historiographes ensemble, il les faudra rechercher sans choix & sans acception, parce que tous peuuent estre tres-utiles. La premiere histoire du monde, c'est la Bible, aprés laquelle il faudra mettre Joseph, Philon Juif, & les Interpretes qui peuvent beaucoup servir à éclaircir l'histoire sainte, puis on y placera Eusebe, Torniel, Salian;

Turſelin, Genebrard, le Pere Petau, Joſeph
Scaliger, Calviſius. le Pere l'Abbé, la Pey-
re, le Pere Dom Romuald Feuillant, &
pluſieurs autres qui nous ont donné l'hiſtoire du monde depuis ſon commencement juſques à leur ſiecle ; & le tout ſelon l'ordre
des temps, dont ils ſe ſont propoſez l'é-
clairciſſement & la connoiſſance pour fin
de leur entrepriſe. Pour ce qui eſt des hiſtoriens purs & ſimples il les faut diviſer &
les ranger par nation, & commencer par
les Grecs, qui ſont Herodote. Theucydide, Xenophon, Polybe, Diodore Sicilien,
Appian Alexandrin, Denis d'Halicarnaſſe,
Dion Caſſius, Herodian, Zozime, Procope, Plutarque, & autres dont je ne me ſouviens pas. Il faut mettre enſuite ceux que
Rome a produits, & qui ont écrit en latin.
Tels que ſont Tite Live, Saluſte, Tacite,
Ceſar, Suetone, Velleius Paterculus, les
Auteurs de l'hiſtoire Auguſte, Ammian
Marcellin, Oroſe, Juſtin, Quint Curſe; auſ-
quels il faut joindre les Hiſtoriens anciens,
Manethon, Beroſe, & Metaſthenes, que
l'on trouve dans Annius, de Viterbe, Da-
res Phrygien, Dictis de Crete, & quelque
autres qui ne ſont pas en grand nombre, &
dont nous n'avons que des fragmens épan-
dus de tous coſtez. Les Hiſtoriens d'Italie
dont il faut que le Bibliothequaire faſſe

proviſion, ſont Guichardin, Pontan, Machiavel, Sabellic, Blondus, Contarenus,
Bembe, Retius Falcatus, Paul Jove dont
on dit que la plume eſtoit venale, & Poge Florentin ſur qui l'on a fait ce plaiſant
diſtique.

Dum patriam laudat, dum damnat Po-
gius hoſtem,
Nec malus eſt civis, nec bonus hiſtoricus.

L'Egliſe a auſſi ſes Hiſtoriens qu'il faut a-
voir comme Euſebe, Socrate, Soſomene,
Nicephore, Baronius, & ſon continuateur
Bzovius, avec ſon abregé de Mr de Spon-
de Evêque de Pamiers, feu M. Godeau;
avec leſquels il faut placer ceux qui ont é-
crit les vies des Papes comme Anaſtaſe le
Bibliothequaire, Paul Diacre; le Cardinal
Jean Diacre, qui a fauſſement imaginé la
donation de Conſtantin, au Pape Sylveſtre;
Onuphre Panuin, avec ſon continuateur
Petramellavius; Stelle; Platine; Luitprand;
& Martin Preſtre. Ceux de France ſont le
Moine Hunnebaud qui nous a raconté bien
des fables de l'origine des François, Gregoire de Tours, Reginon, Adon de Vienne, Aimoin, Eginard, les Chroniques de
l'Egliſe de S. Denis, Paul Emile, les antiquitez de Fauchet, les annales de Gilles, &

de Belleforeſt, Montrelet, Froiſſard, Robert Guaguin General des Mathurins, qui
a parlé le premier de la fauſſe erection d'I-
vetot en Royaume, Seiſſel ,Jacques Meir,
Philippe de Commines Hiſtorien candide ,
Martin & Guillaume du Bellay , Paradin ,
le Baron du Pinguillon, Matthieu, Auguſte de
Thou à qui on a donné l'Epithete de *Verax*,
du Haillan, André du Cheſne , Davila,
Jean de Serres , Scipion du Pleix , deffunt
Sorel , & l'illuſtre Mr de Mezeray , dont
l'eloquente expreſſion fait qu'on prend tant
de plaiſir à lire l'hiſtoire univerſelle qu'il
nous a donnée de noſtre Monarchie. Ceux
d'Eſpagne ſont Taraphe, Marinei, Gari-
bei, Gorſius, Mariana , & Maierne Tur-
quet. Ceux d'Angleterre & d'Ecoſſe ſont Polydore Virgile, Hector Boëce, Leſlée, André du Cheſne & Camdenus. L'Allemagne
a Irenicus Rhenanus, Vimphelingus, Nau-
cler, l'Abbé d'Vſperg , Albert Cracts , &
& quelques autres modernes. Le Danne-
mark & la Suede ont Olaus magnus, Sa-
xon le Grammairien , Procope, Jornandus.
Il y a en Pologne Cromer, & Climachus.
Les Turcs ont Calcondile, & Baudoüin.
Les Chevaliers de Malte ont Boiſſat. Les
Tartares, les Moſcovites, les Ethiopiens ,
les Indiens , & les Americains ont le Moine
Haiton, Michée, Alvarez, Poſtel, Colomb

Acosta, & plus de deux cens autres Auteurs qui nous ont donné les relations de tous ces païs éloignez , tous lesquels livres sont necessaires à celuy qui veut dresser une Bibliotheque.

Voilà , Mr , pour ce qui regarde les Auteurs qu'il faut qu'un Bibliothequaire achete , & dont je n'ay rapporté qu'une partie , pour éviter la prolixité. Cependant il est aussi tres-necessaire qu'il fasse le plus qu'il pourra provision de manuscripts anciens ; parce que ce sont comme autant de Pierres de touche , aux quelles on a recours pour prouver la bonté de l'edition & de la correction d'un livre. Il faut qu'il soit habile à bien discerner les bonnes impressions d'avec les mauvaises , ce qu'il reconnoîtra au caractere , au papier , à la ponctuation , & à l'ortographe. Il faut qu'il ait une grande connoissance de toutes les differentes corrections qui ont esté faites des Auteurs. Car Manuce, Victorius, Lambin , & Gruther ont tous quatre differemment corrigé Ciceron. C'est pourquoy il est tres-necessaire à un Bibliothequaire de rechercher toutes les editions qui ont esté faites des Auteurs (s'il le peut faire, cela s'entend) afin de les comparer & de les concilier autant que faire se pourra , par le moyen des anciens manuscripts, s'il en a,

I iiij

aux quels il aura recours en cette rencontre.
Enfin, Mr, celuy qui veut dreſſer une Bibliotheque, a beſoin de lire pour cela les
regles qui nous en ont eſté données par
quelques auteurs, particulierement par le
Pere Poiſſevin *in ſuâ culturâ ingeniorum*,
par Richard de Buti *in ſuo Philobiblion*, par
Pierre Blanchart *in ſuâ Bibliotheca viventis
ideâ*, par le Pere Leon *in ideâ Bibliothecæ viventis & mortuæ*, par Baptiſte Cardone *in
ſuâ Bibliotheca eſcurialis inſtructione*, par
Claude Clement *in ſuo muſœo*, par Sander
*in ſuâ diſſertatione pareneticâ BibliothecaGan-
davenſis*, par Lipſe, par deffunt Mr de Nau-
dé, & par pluſieurs autres dont je ne me
ſouviens pas. Il faut auſſi qu'il liſe les Catalogues des livres des Bibliotheques, afin
qu'il les connoiſſe. Et c'eſt par où je finiray
cette Lettre, en vous proteſtant que je ſuis

Monſieur

V. S

FIN.

Extrait du Privilege du Roy.

LOUIS par la grace de Dieu Roy de France & de Navarre : A nos amez & feaux Conseillers, les gens tenans nos Cours de Parlement, Maistres des Requestes ordinaires de nôtre Hôtel , Prevosts de Paris, Baillifs, Seneschaux, leurs Lieutenans , & autres leurs Justiciers qu'il appartiendra : Salut. Nôtre bien-aimé MICHALLET Marchand Libraire Imprimeur a Paris, nous a fait remontrer qu'il luy a été mis és mains le Manuscript d'un petit Livre intitulé , *Traitté historique des plus belles Bibliotheques de l'Europe , contenant le nombre des Livres imprimez & manuscripts , avec une maniere de composer une Bibliotheque pour s'en servir commodément* , dont il donneroit volontiers l'impression au Public , comme curieuse & utile, si nous agréons luy en accorder la permission & Privilege particulier , & nos Lettres sur ce necessaires. A CES CAUSES , voulant favorablement traitter l'Exposant, Nous luy avons de nôtre grace speciale permis , & accordé, permettons , & accordons par ces presentes , de faire imprimer le dit Livre en tel volume , marge,

caractere, & autant de fois que bon luy
semblera pendant six années confecutives,
à commencer du jour qu'il fera achevé d'imprimer pour la premiere fois, iceluy vendre
& diftribuer par tout nôtre Royaume. Fai-
fons deffenfes à tous Libraires Imprimeurs,
& autres, de faire imprimer, vendre, &
diftribuer le dit Livre, fous quelque pre-
texte que ce foit, changement de Titre, augmentation, impreffion étrangere, ny autre-
ment, fans le confentement du dit Expofant, ou de fes ayans caufe, fur peine de
confifcarion des Exemplaires contrefaits,
cinq cens livres d'amende, dépens, dom-
mages, & interefts de l'Expofant. A la
charge d'en mettre deux Exemplaires en nôtre Bibliotheque publique, un en celle de
nôtre Cabinet des Livres, en nôtre Châ-
teau du Louvre à Paris, & un en celle de
nôtre tres-cher, & feal Chevalier Chancelier de France le Sieur le Tellier, à peine
de nullité des prefentes : Du contenu defquelles vous mandons faire joüir le dit Mi-
CHALLET, & fes ayans caufes pleinement
& paifiblement, faifant ceffer tous troubles,
& empéchemens. Voulons qu'en mettant
aux impreffions du dit Livre l'extrait des
prefentes, elles foient pour deuement fig.
nifiées. Mandons au premier nôtre Huif-
fier ou Sergeant faire toutes fignifications

deffenses, saisies, & autres actes requis &
necessaires, sans demander autre permission, & nonobstant Clameur de Haro,
Chartre Normande : CAR tel est nôtre plaisir. Donné à S. Germain en Laye, le vingtiéme jour de Decembre 1679, & de nôtre
Regne le 37.   Par le Roy en son Conseil,
BERTIN.

Registré sur le Livre de la Communauté des Libraires & Imprimeurs de Paris le 5. Février
1680 : Suivant l'Arrest du Parlement du
8. Avril 1653, & celuy du Conseil privé du
Roy du 27. Février 1665. Signé C. ANGOT
Syndic.

Les Exemplaires ont été fournis.

TABLE DES MATIERES
contenuës dans ce Livre.

A

K ij

K iiij

K y

TABLE

Fin de la Table des Matieres.